Réponses sur l'éducation

Du même auteur

Éditions du Rocher

QUESTIONS ET RÉPONSES.
LA FLAMME DE L'ATTENTION.
LE TEMPS ABOLI.
CARNETS.
PLÉNITUDE DE LA VIE.
LA VÉRITÉ ET L'ÉVÉNEMENT.

Éditions Delachaux & Niestlé

LE VOL DE L'AIGLE.
DE L'ÉDUCATION.
L'IMPOSSIBLE QUESTION.
LE CHANGEMENT CRÉATEUR.

Éditions Stock

SE LIBÉRER DU CONNU.
LA RÉVOLUTION DU SILENCE.
PREMIÈRE ET DERNIÈRE LIBERTÉ.
AUX ÉTUDIANTS.
L'ÉVEIL DE L'INTELLIGENCE.
TRADITION ET RÉVOLUTION.

Éditions Buchet-Chastel

COMMENTAIRES SUR LA VIE, 1re série.
COMMENTAIRES SUR LA VIE, 2e série.
COMMENTAIRES SUR LA VIE, 3e série.
LE JOURNAL DE KRISHNAMURTI.

Association culturelle Krishnamurti
73, rue Fondary – 75015 Paris. Tél. 45.75.15.25
Krishnamurti Foundation Trust Ltd.
Brockwood Park, Bramdean, Hampshire
SO 24 – OLQ – G.B.

LETTRES AUX ÉCOLES, vol. 1 et 2.
LE RÉSEAU DE LA PENSÉE.

J. Krishnamurti

RÉPONSES
SUR
L'ÉDUCATION

TRADUIT DE L'ANGLAIS

PAR

NADIA KOSSIAKOV

CHRISTIAN DE BARTILLAT, ÉDITEUR

Titre original :

ON EDUCATION
(Orient Longman Ltd, selon accord
avec la Krishnamurti Foundation, India, 1974.)

Direction technique : SCAM/Jacques Ménard.

Tous droits réservés pour tous pays.
© 1974, Krishnamurti Foundation Trust Ltd, London.
© 1982, Éditions Stock.
© 1991, Christian de Bartillat, éditeur.

Préface

Ce livre est issu des entretiens qui ont eu lieu en Inde avec J. Krishnamurti et les enseignants et les élèves des écoles de Rishi Valley School dans l'Andra Pradesh et Rajghat School à Varanasi.
Ces centres sont dirigés par la Krishnamurti Foundation India qui fut mise en œuvre pour créer un milieu où les enseignements de Krishnamurti puissent être transmis aux enfants. Krishnamurti considère que l'éducation est capitale pour communiquer à l'enfant l'élément essentiel à la transformation de l'esprit humain et à la création d'une nouvelle culture. Une transformation aussi fondamentale peut avoir lieu quand il est donné à l'enfant — concurremment à l'accès et à l'exercice de diverses compétences et disciplines — la capacité d'être éveillé aux processus de sa pensée, de ses sentiments, et de son action.
... Actuellement, les postulats de base de la structure de l'éducation et ses différents systèmes sont mis en question, en Inde comme dans l'ensemble du monde. À tous les niveaux, il se produit une prise de conscience croissante du fait que les modèles suivis jusqu'ici ont échoué et qu'une

complète inadéquation s'est établie entre l'être humain et la complexité écrasante de la société contemporaine.

... À une époque comme celle-ci, une approche totalement nouvelle des postulats de l'éducation s'impose nécessairement. Krishnamurti met en question les racines de notre culture. Le défi de cette mise en question s'adresse non seulement aux structures éducatives mais à la nature et à la qualité même de l'esprit humain et de la vie.

... Pour Krishnamurti, un esprit nouveau ne peut naître que si l'esprit religieux et l'esprit scientifique entrent dans le même mouvement de processus ou conscience — un état où ce ne sont pas deux capacités parallèles. Ce n'est pas en tant que deux mouvements séparés par des cloisons étanches, et qui doivent fusionner, qu'ils existent, mais comme un nouveau mouvement inhérent à l'intelligence et à l'esprit créateur.

... Découvrir les domaines où le savoir et les compétences techniques sont nécessaires, et ceux où ils sont inappropriés et même néfastes, est aux yeux de Krishnamurti une des tâches fondamentales de l'éducation. C'est seulement quand l'esprit apprend à reconnaître la portée véritable de l'existence de domaines où le savoir n'a pas sa place qu'une dimension totalement nouvelle s'affirme, de nouvelles énergies prennent naissance, et les potentialités inutilisées de l'esprit humain sont stimulées.

... Les années passées par un élève dans une école doivent laisser en lui le souvenir de jours heureux. Cela n'est possible que quand il n'existe ni esprit de rivalité ni autorité, quand l'enseignement et l'apprentissage sont un processus simul-

tané dans le présent, où l'éducateur et l'éduqué participent au même acte d'apprendre. À la différence de l'esprit religieux communiqué par diverses sectes et les groupes religieux, l'approche de Krishnamurti est dans un certain sens authentiquement laïque et possède pourtant une dimension profondément religieuse.

Les Éditeurs
de la publication
en Inde.

Première partie

Aux élèves

De l'éducation

KRISHNAMURTI : Voyez-vous, vous vivez dans une des plus belles vallées que j'aie jamais vue. Il s'y attache une atmosphère particulière. Avez-vous remarqué, surtout au crépuscule et aussi au point du jour, une certaine qualité de silence qui pénètre, qui imprègne toute la vallée ? Je crois qu'il y a autour de nous des collines parmi les plus anciennes du monde et l'homme ne les a pas encore abîmées. Partout où l'on va, dans les villes et ailleurs, l'homme détruit la nature, abat les arbres pour construire de plus en plus de maisons, polluant l'air avec ses automobiles et ses industries ; il détruit les animaux — comme le tigre qui a presque disparu. Il détruit tout parce qu'il naît de plus en plus d'enfants et qu'ils ont besoin de plus en plus d'espace. L'homme répand graduellement la destruction dans le monde entier. Quand on arrive dans une vallée comme celle-ci — où la population est peu nombreuse, où la nature n'est pas profanée, où règnent le silence, le calme, la beauté — on en est tout étonné. Chaque fois que l'on vient ici, on ressent l'étrange particularité de cette terre, mais il est probable que vous vous y êtes habitués. Vous ne contemplez plus les collines, vous n'écoutez plus les oiseaux, vous n'entendez plus le vent dans les feuilles. Petit à petit, vous êtes devenus indifférents.

L'éducation ne consiste pas à apprendre dans des livres, à confier certains faits à la mémoire, mais à apprendre comment regarder, comment écouter toutes ces choses que racontent les livres, que ce qu'ils racontent soit vrai ou faux. Tout cela fait partie de l'éducation. Elle ne consiste pas simplement à passer des examens, à obtenir un diplôme et une situation, à se marier et à s'installer, mais encore à savoir comment écouter les oiseaux, comment voir le ciel, l'étonnante beauté d'un arbre, le dessin des collines, comment les sentir, comment être vraiment en contact avec toutes ces choses. Tandis que vous allez vieillir, ce sentiment d'écouter, de regarder, disparaîtra malheureusement, parce que vous aurez des soucis, parce qu'il vous faudra plus d'argent, une plus belle automobile, plus ou moins d'enfants. On devient jaloux, ambitieux, avide, envieux ; et ainsi on perd ce sentiment de la beauté de la terre.

Vous savez ce qui se passe dans le monde. Vous êtes forcément au courant de l'actualité. Il y a des guerres, des émeutes, une nation se dressant contre une autre. Dans ce pays également, il y a des divisions, des séparations, et il y a un taux de natalité croissant, une misère, des conditions sordides, une dureté grandissante. L'homme est indifférent à tout ce qui peut arriver à son prochain, pourvu qu'il soit, lui, bien en sécurité. On vous éduque, on vous prépare à l'acceptation de tout. Savez-vous que le monde est dément, que tout ce qui se passe participe de la folie, les combats, les querelles, les brutalités, les agressions ? Et vous allez grandir de façon à vous insérer dans cet état de choses. Peut-on dire que c'est bien ? Est-ce là le but de l'éducation, de vous obliger volontairement ou non à vous adapter à cette structure démente qu'on appelle la société ? Savez-vous ce qui se passe avec les religions à travers le monde ? Là encore, l'humanité est en pleine désintégration : personne ne croit plus à rien. L'homme n'a pas de foi et les religions ne sont que le résultat d'une vaste propagande.

Mais puisque vous êtes jeunes, encore pleins de fraîcheur et d'innocence, ne pouvez-vous pas contempler toute la beauté de la terre, et vous emplir de cette qualité d'affection ? Et ne pouvez-vous la faire vivre en vous ? Si vous n'en êtes pas capables, vous grandirez en vous conformant aux usages parce que c'est la façon la plus facile de vivre. À mesure que vous allez grandir, certains d'entre vous se révolteront, mais cette révolte, elle non plus, ne résoudra pas le problème. Certains d'entre vous chercheront à fuir la société, mais cette fuite n'aura pas de sens. Il vous faut changer la société, mais pas en tuant des gens. La société, c'est vous et c'est moi. Vous et moi, nous créons cette société dans laquelle nous vivons. Donc, vous devez la changer. Vous ne pouvez pas vous adapter à cette société monstrueuse. Alors qu'allez-vous faire ?

Vous qui vivez dans cette merveilleuse vallée, vous laisserez-vous jeter dans ce monde de luttes, de confusions, de guerres, ce monde rempli de haine ? Êtes-vous disposés à vous conformer, à vous adapter et à accepter toutes les vieilles valeurs ? Vous savez ce qu'elles sont, ces valeurs : l'argent, la situation, le prestige, la puissance. C'est là ce que l'homme désire et la société se propose de vous couler dans ce moule. Mais si, maintenant, vous commencez à observer, à apprendre, non pas dans des livres, mais apprendre par vous-mêmes en regardant, en écoutant tout ce qui se passe autour de vous, vous deviendrez un être humain différent, quelqu'un qui a le souci des autres, qui est plein d'affection, qui aime. Et si vous vivez de cette manière, peut-être pourrez-vous découvrir une vie véritablement religieuse.

Donc, regardez la nature, le tamarinier, le manguier en fleur, écoutez les oiseaux à la pointe du jour et au crépuscule. Voyez le ciel clairs étoiles et le merveilleux coucher de soleil derrière les collines. Voyez toutes les couleurs, la lumière sur les feuilles, la beauté de la terre, sa richesse. Puis, ayant contemplé tout cela et ayant vu aussi ce qu'est le monde, avec toute sa brutalité, sa violence, sa laideur, qu'allez-vous faire ?

Savez-vous ce que cela signifie, être attentif, prêter attention ? Quand vous faites attention, vous voyez toute chose beaucoup plus clairement, vous entendez chanter l'oiseau beaucoup plus distinctement. Vous percevez la différence de chaque son. Quand vous regardez un arbre avec la plus grande attention, vous en voyez toute la splendeur ; vous voyez les feuilles, la branche, et comme le vent joue avec lui. En étant attentifs, vous percevez tout avec une netteté extraordi-

Réponses sur l'éducation 17

naire. L'avez-vous jamais fait ? L'attention est une chose différente de la concentration. Quand vous vous concentrez, vous ne voyez pas tout. Mais quand vous faites attention, vous voyez une immensité de choses. Soyez attentifs, maintenant. Regardez cet arbre, voyez-en les ombres. Sentez la brise légère à travers le feuillage. Voyez la forme de l'arbre. Voyez ses proportions en relation avec celles d'autres arbres. Voyez la qualité de la lumière qui pénètre ses feuilles, la lumière sur les branches et sur le tronc. Voyez l'arbre dans sa totalité. Regardez de cette façon-là, parce que je veux parler d'une chose à laquelle il vous faut faire attention. L'attention est une chose très importante en classe, et elle l'est tout autant quand vous êtes dehors, quand vous mangez, quand vous vous promenez. L'attention est une chose extraordinaire.

Maintenant, je vais vous poser une question. Pourquoi recevez-vous une éducation ? Comprenez-vous la question ? Vos parents vous envoient à l'école. Vous assistez à des cours ; vous apprenez les mathématiques, la géographie, l'histoire, pourquoi ? Vous êtes-vous jamais demandé pourquoi vous désirez être éduqués ? Quel en est le but ? Quel est l'intérêt de passer des examens et d'avoir des diplômes ? Est-ce afin de pouvoir vous marier, d'obtenir une situation et de vous installer dans la vie comme le font des millions et des millions de gens ? Est-ce bien ce que vous vous proposez de faire, est-ce là le but de l'éducation ? Comprenez-vous ce dont je parle ? C'est véritablement une question très grave. Partout, à l'heure actuelle, on met en question les bases mêmes de l'éducation. Nous voyons à quelles fins l'éducation a servi jusqu'ici. Les êtres humains à travers le monde — que ce soit en Russie, en Chine, en Amérique, en Europe ou dans ce pays — sont dressés à se conformer, à s'insérer dans le courant des activités sociales et économiques, pour être aspirés dans ce vaste fleuve qui coule depuis des milliers d'années.

Est-ce de l'éducation qu'il s'agit là, ou bien l'éducation est-elle quelque chose de tout à fait différent ? L'éducation ne peut-elle pas veiller à ce que l'esprit humain ne soit pas entraîné dans ce vaste fleuve pour y être détruit, veiller à ce que jamais il ne soit englouti dans ce courant ? Mais faire plutôt qu'avec cet esprit intact, puisse exister un être humain entièrement différent, connaissant une qualité de vie tout autre ? Allez-vous être élevés dans ce sens-là ? Ou bien allez-vous permettre à la société, à vos parents, de vous dicter votre destin, et votre appartenance au fleuve social ? Une éducation véritable, cela veut dire qu'un esprit humain, le vôtre, ne doit pas seulement être capable d'exceller en mathématiques, en géographie ou en histoire, mais de bien plus : que jamais, en aucune circonstance, il ne se laisse absorber par le courant de la société. Parce que ce fleuve que nous appelons la vie est très corrompu, immoral, violent, avide, et ce fleuve, c'est notre culture. La question est donc de savoir comment mettre en œuvre une éducation juste, permettant à l'esprit de résister à toutes les tentations, toutes les influences, toute la bestialité de cette civilisation. Nous en sommes venus à un point de l'histoire où il nous faut créer une nouvelle culture, un genre d'existence totalement différent, qui ne soit pas basé sur la consommation et l'industrialisation, une culture fondée sur l'essence réelle de la religion.

Maintenant, comment peut-on susciter, au moyen de l'éducation, une mentalité entièrement différente, un esprit qui ne soit ni avide ni envieux ? Comment créer un esprit dépourvu d'ambition et pourtant extraordinairement actif et efficient, qui ait réellement dans la vie quotidienne une perception du vrai ? Parce qu'après tout, c'est bien cela la religion.

Cherchons à découvrir quel est précisément le sens, quelle est la valeur même de l'éducation. Votre esprit, qui a été conditionné par la société, la culture dans laquelle vous avez vécu, peut-il être transformé par votre éducation, de sorte que jamais, dans aucune circonstance, vous ne vous laissiez entraîner dans ce courant de la société ? Une éducation différente est-elle possible ? « Éduquer » dans le vrai sens de ce mot. Ne pas se contenter d'une transmission par les professeurs aux élèves de certains éléments d'information touchant telle ou telle discipline, mais tâcher plutôt, tandis même que l'on enseigne un sujet, de susciter dans l'esprit un changement. Ce qui implique qu'il faut être extraordinairement critique. Il ne vous faut plus apprendre ou accepter quelque chose que vous ne voyiez pas clairement par vous-même et ne jamais vous contenter de répéter ce qu'un autre a pu dire.

Je crois que vous devriez vous poser ces questions, non pas de temps en temps, mais tous les jours. Sachez découvrir, écouter tout ; écoutez les oiseaux, écoutez le mugissement de cette vache. Apprenez à connaître tout ce qui est en vous, car de cette façon vous apprenez à vous connaître vous-même. Alors vous ne serez pas un être de « seconde main ». Vous devriez donc, si je peux vous le suggérer, à partir de maintenant, vivre d'une vie entièrement différente, et ce sera plutôt difficile, parce que la plupart d'entre nous, j'en ai bien peur, sont satisfaits de trouver et de mener une vie facile. Nous nous complaisons à répéter et à suivre ce que disent les autres, à faire ce qu'ils font, parce que c'est la façon la plus commode de vivre, se conformer à un modèle ancien ou même nouveau. Il nous faut découvrir ce que veut dire ne jamais se conformer. Cela veut-il dire vivre sans peur ? C'est de votre vie qu'il s'agit et personne ne peut vous l'enseigner, aucun livre, aucun gourou. Il vous faut apprendre par vous-mêmes et en vous-mêmes et non par des livres. Vous avez beaucoup à apprendre sur vous-mêmes, c'est un processus sans fin, un processus fascinant, et quand vous apprenez à vous connaître par vous-mêmes, c'est ainsi que naît la sagesse. Alors vous pouvez vivre d'une vie extraordinaire, belle et heureuse. D'accord ? Et maintenant, voulez-vous me poser des questions ?

UN ÉTUDIANT : *Le monde est plein de gens durcis, indifférents, cruels ; comment peut-on changer tous ces gens ?*

K. : Le monde est plein de gens durcis, indifférents et cruels et comment peut-on les changer ? C'est bien là votre question ? Pourquoi vous souciez-vous de changer les autres ? Changez votre propre personne. Autrement, en grandissant, vous aussi deviendrez durs, vous aussi deviendrez indifférents, vous aussi deviendrez cruels. L'ancienne génération est en train de disparaître, de s'éloigner ; vous êtes celle qui monte et si vous aussi devenez durs, indifférents, cruels, vous allez construire la même société. Ce qui importe, c'est que *vous,* vous changiez, que *vous,* vous ne soyez pas durs, indifférents et cruels. Quand vous dites que tout cela concerne l'ancienne génération, les avez-vous vus, les avez-vous compris, les avez-vous observés ? Si vous l'avez fait, si vous avez agi ainsi, vous trouverez quelque chose à faire. Changez-vous, vous-mêmes, et connaissez l'affection. C'est une action d'une étonnante portée. Mais nous avons le désir de changer tout le monde, excepté nous-mêmes, ce qui veut dire que nous n'avons pas envie de changer. Nous voulons voir changer les autres et ainsi nous demeurons indifférents et durs ; espérant que notre entourage changera, nous nous contentons de continuer à vivre à notre façon. Vous comprenez ce dont je parle ?

E. : *Vous nous demandez de changer pour devenir quoi ?*

K. : Vous nous demandez de changer pour devenir quoi ? Vous ne pouvez pas devenir un singe, même si vous le désirez, vous ne le pouvez pas. Donc, quand vous dites : « Je veux changer pour devenir quelque chose », écoutez soigneusement. Si vous vous dites qu'il faut changer, qu'il vous faut devenir quelque chose, le « devenir quelque chose » est un modèle que vous avez en vue. Comprenez-vous ? Regardez. Vous êtes violent ou avide, et vous aimeriez changer et devenir quelqu'un qui ne soit pas avide ; mais vouloir n'être pas avide, c'est une espèce, c'est une forme d'avidité, n'est-ce pas ? Le comprenez-vous ? Mais si vous dites : « Je suis avide, mais je vais découvrir ce que cela implique et ce qui en découle », alors quand vous comprendrez l'avidité, vous en serez libéré. Saisissez-vous ce dont je parle ? Permettez-moi d'expliquer. Je suis avide et je lutte ; je combats, je fais d'immenses efforts pour ne pas être avide. J'ai déjà une idée préconçue, une image de ce que peut signifier ne pas être avide. Donc, je me conforme à une idée que je me figure être la non-avidité. Comprenez-vous ? Tandis que si je regarde bien mon avidité, si je comprends pourquoi je suis avide, la nature de l'avidité, la structure de l'avidité, alors je commence à sentir tout cela, je me trouve libéré de mon avidité. Par conséquent, être affranchi de l'avidité est quelque chose de tout à fait différent que d'essayer de devenir non avide. Vous voyez la différence ? La libération de l'avidité est quelque chose d'absolument différent de l'attitude où l'on dit : « Je me propose de devenir un grand homme et, par conséquent, il faut que je sois non avide. » Avez-vous compris ?

Je réfléchissais hier soir ; je suis venu à différents moments dans cette vallée depuis à peu près quarante ans. Des gens sont venus et ils sont partis. Des arbres sont morts et de nouveaux arbres ont poussé. Il est passé différents enfants par cette école, qui sont devenus peut-être des ingénieurs ou des maîtresses de maison et qui se sont perdus dans la masse de l'humanité. Je les rencontre de temps en temps, dans un aéroport ou à une réunion. Des gens très ordinaires, et si vous ne faites pas très attention, vous aussi finirez de cette façon.

E. : *Qu'entendez-vous par « ordinaire » ?*

K. : Comme tous les autres hommes, avec leurs soucis, leur corruption, leur violence, leur indifférence ; courir après une situation, se cramponner désespérément à sa situation, que l'on s'y sente à sa place ou non, et mourir dans la même situation. Voilà ce que c'est que d'être ordinaire. Ne connaître rien de neuf, aucune fraîcheur, aucune joie dans la vie. Ne jamais être curieux, passionné, ne pas sentir intensément, ne jamais rien découvrir et toujours se conformer. C'est là ce que j'entends par être « ordinaire ». On dit aussi qu'on est bourgeois. C'est une façon mécanique de vivre, une façon ennuyeuse et routinière.

E. : *Mais comment peut-on cesser d'être ordinaire ?*

K. : « Comment peut-on cesser d'être ordinaire ? » Ne soyez pas ordinaire ; on ne peut pas s'en débarrasser. Simplement ne le soyez pas.

E. : *Mais, comment, monsieur ?*

K. : Il n'y a pas de « comment ». C'est là une question destructrice, le « dites-moi comment ». Toujours, l'homme a répété dans le monde « dites-moi comment ». Si vous voyez un serpent, un cobra venimeux, vous n'allez pas dire : « S'il vous plaît, dites-moi comment me sauver. » Vous vous sauvez. Donc, de la même façon, si vous voyez que vous êtes ordinaire, banal, sauvez-vous. Quittez cet état. Pas demain, mais tout de suite. *(Silence.)* Puisque vous ne posez plus de questions, je vais vous proposer quelque chose. Vous savez que les gens parlent beaucoup de la méditation, n'est-ce pas ?

E. : *Oui, ils le font.*

K. : Mais vous ne connaissez pas du tout la question. J'en suis ravi, parce que, ne connaissant pas cette question, vous pouvez apprendre à la connaître. C'est comme si vous ne saviez rien du français, du latin ou de l'italien. Vous pouvez apprendre comme si c'était pour la première fois. Tous ces gens qui savent d'avance ce qu'est la méditation doivent désapprendre pour pouvoir apprendre à nouveau. Vous voyez la différence ? Puisque vous ne savez pas ce qu'est la méditation, nous allons apprendre. Pour apprendre à connaître la méditation, voyez comment fonctionne votre esprit. Vous devez regarder, comme vous regardez un lézard qui passe sur un mur. Vous voyez ses quatre pattes, comment il colle au mur et, en regardant, vous voyez tous ses mouvements. Eh bien, de la même façon, observez votre propre pensée. Ne cherchez pas à la corriger, à la supprimer. Ne dites pas : « Tout ceci est trop difficile. » Simplement, regardez ; maintenant, tout de suite, ce matin.

Pour commencer, restez assis, absolument tranquilles. Prenez une position confortable, croisez vos jambes, restez assis, tout à fait immobiles. Fermez les yeux. Et voyez si vous pouvez essayer de les empêcher de bouger. Vous comprenez ? Vos yeux ont tendance à remuer. Gardez-les complètement immobiles, comme par jeu. Et puis, étant assis comme cela, très tranquilles, découvrez ce que fait votre pensée ; observez-la comme vous avez observé le lézard. Observez la pensée, sa façon de couler, une pensée suivant une autre, et ainsi vous commencez à apprendre, à observer.

Observez vos pensées : comment une pensée succède à une autre et comment elle se dit : « Celle-ci est une bonne pensée, celle-là ne l'est pas. » De même quand vous vous couchez, quand vous vous promenez, observez votre pensée. Simplement, observez-la. Surtout, ne cherchez pas à la corriger, vous découvrirez alors ce qu'est le commencement de la méditation... et le faisant, vous êtes prêts à apprendre. Et quand vous commencez à apprendre, cela n'a pas de fin.

De l'esprit religieux et de l'esprit scientifique

KRISHNAMURTI : Tôt ce matin j'ai vu un bel oiseau, il était noir avec un bec rouge. Je ne sais pas comment on l'appelle. Il voltigeait de branche en branche, et dans son chant se déversait le plein de son cœur. C'était pure merveille à regarder.

Je voudrais vous parler ce matin d'une chose sérieuse. Il vous faudrait écouter avec soin et si vous le désirez, peut-être un peu plus tard, vous pourrez en parler avec vos professeurs. Je veux vous parler d'un sujet qui a de l'intérêt pour le monde entier et dont le monde dans son ensemble est troublé. C'est la question de l'esprit religieux et de l'esprit scientifique. Ce sont deux attitudes que l'on peut avoir vis-à-vis du monde. Ce sont les deux seules attitudes qui aient de la valeur, l'esprit véritablement religieux et l'esprit véritablement scientifique. Toutes les autres activités sont destructrices, conduisent à beaucoup de souffrances, de confusion et de tristesse.

L'esprit scientifique s'intéresse aux faits. Sa mission, sa perception sont la découverte. Il examine les objets grâce à des instruments, microscopes et télescopes ; il se doit de voir chaque chose telle qu'elle est ; et à partir de la réalité perçue, la science tire des conclusions, échafaude des théories. Un tel esprit avance d'un fait à un autre fait. L'esprit de la science n'a aucun rapport avec les conditions individuelles, les nationalismes, la race, les préjugés. Les savants sont là pour explorer la matière, examiner la structure de la terre, des étoiles, des planètes, découvrir comment guérir les maladies, comment prolonger la vie d'un homme, expliquer le temps, à la fois le passé et l'avenir.

Mais l'esprit scientifique et les découvertes qui en ont découlé sont utilisés et exploités par l'esprit nationaliste, par cet esprit qui incarne l'Inde, qui incarne la Russie, ou l'Amérique. Les découvertes scientifiques sont utilisées et exploitées par les États souverains de tous les continents.

Puis, il y a l'esprit religieux, l'esprit véritablement religieux qui n'appartient à aucun culte, aucun groupe, aucune religion, aucune église organisée. L'esprit religieux n'est pas l'esprit hindou, chrétien, bouddhiste, ou musulman. L'esprit véritablement religieux n'appartient à aucun groupe qui se prétend religieux. L'esprit religieux n'est pas celui qui fréquente les églises, les temples ou les mosquées. Ce n'est pas celui qui s'attache à certaines formes de croyance, à certains dogmes. L'esprit religieux est complètement seul. C'est celui qui a percé à jour la fausseté des églises, des dogmes, des croyances et des traditions. N'étant pas nationaliste, n'étant pas conditionné par son environnement, un tel esprit ne connaît aucune limite, aucun horizon. Il est explosif, neuf, jeune, plein de fraîcheur et d'innocence. Cet esprit innocent, jeune, cet esprit qui est extraordinairement souple et subtil, n'est tenu par aucune attache. Seul un tel esprit peut connaître ce que vous appelez « Dieu », ce qui est intemporel, immensurable.

Un être humain est essentiellement humain quand, en lui, l'esprit scientifique et l'esprit véritablement religieux vont de pair. De tels êtres humains pourront créer un monde qui sera bon, non pas le monde du communiste ou du capitaliste, ni celui du brahmane ou du catholique. En fait, le véritable brahmane est celui qui n'appartient à aucun credo religieux, à aucune classe, à aucune autorité ; qui ne brigue aucune situation dans la société. C'est lui le véritable brahmane, l'être humain neuf, qui comprend en lui-même l'esprit scientifique et religieux, et qui est, par conséquent, harmonieux, sans aucune contradiction intérieure. Et, selon moi, le but de l'éducation est de créer cet esprit neuf, explosif, qui ne se conforme pas à un modèle établi par la société.

L'esprit religieux est un esprit créateur. Il n'a pas seulement à en finir avec le passé, il doit exploser dans le présent. Cet esprit — pas celui qui cherche à interpréter les livres, la Gita, les Upanishads, la Bible — celui qui est capable d'examiner, de rechercher, est également capable de créer une réalité explosive. Ici, il n'y a ni interprétation ni dogme.

Il est extraordinairement difficile d'être religieux et d'avoir en même temps un esprit clair, précis et scientifique, un esprit qui soit sans peur, non préoccupé de sa propre sécurité, de ses propres craintes. Vous ne pouvez pas avoir un esprit véritablement religieux sans vous connaître vous-même, sans savoir tout de vous-même — votre corps, votre esprit, vos émotions, comment se meut votre esprit, comment fonctionne votre pensée. Pour aller au-delà de tout cela, pour dévoiler ce qui est, il vous faut l'aborder avec un esprit scientifique qui soit précis, clair, dépourvu de toute idée préconçue, qui ne condamne pas, qui observe, qui voit. Si vous avez un tel esprit, c'est que vous êtes véritablement un être humain avec une vraie culture humaine, qui connaît la compassion, qui sait ce que veut dire être vivant.

Mais comment faire naître un tel esprit ? Il est impératif d'aider l'étudiant à être scientifique, à penser clairement, d'une façon précise, avec une intelligence aiguisée, comme de l'aider également à dévoiler les profondeurs de son propre esprit, à aller au-delà des mots et de ses différentes étiquettes telles que « hindou », « musulman », « chrétien ». Est-il possible d'élever l'étudiant, de le pousser à aller au-delà de toutes les étiquettes et de découvrir, d'expérimenter ce quelque chose que l'intellect ne peut pas mesurer, qu'aucun livre ne contient, auquel aucun gourou ne peut vous conduire ? Si une telle éducation est possible dans une école comme celle-ci, ce serait remarquable. Vous devez tous vous rendre compte qu'il vaut la peine de créer une école semblable.

C'est de tout cela que vos professeurs et moi-même avons discuté pendant quelques jours. Nous avons parlé de beaucoup de choses : de l'autorité, de la discipline, de la méthode et du contenu de l'enseignement, en quoi consiste écouter, quelle est la nature de l'éducation, ce qu'est la culture, ou comment rester assis calmement. Accorder simplement son attention à la danse, à l'étude du chant, à l'arithmétique, à vos cours, ce n'est pas le tout de la vie. Cela fait également partie de la vie de rester assis tranquillement, de vous regarder vous-même, d'avoir un esprit pénétrant, de *voir*. Il est également nécessaire d'observer comment penser, que penser et pourquoi vous pensez. Cela fait partie de la vie d'observer les oiseaux, mais aussi d'observer les villageois, la misère de leur condition, qui résulte des égoïsmes de chacun de nous et que la société entretient. Tout cela fait partie de l'éducation.

Du savoir et de l'intelligence

KRISHNAMURTI : Vous êtes ici pour acquérir du savoir — historique, biologique, linguistique, mathématique, géographique et ainsi de suite — en dehors de ce savoir que chacun de vous se propose d'acquérir, ici, il y a un savoir collectif, le savoir ethnique, le savoir qui vous vient de vos aïeux, des générations passées. Ils ont tous passé par de nombreuses expériences, bien des choses leur sont arrivées et leur expérience collective est devenue un savoir. Puis il y a encore le savoir de vos propres expériences personnelles, né de vos propres réactions, de vos impressions, de vos tendances, et qui ont pris chacune leur forme particulière. Ainsi, il y a un savoir scientifique, couvrant une diversité de disciplines ; il y a aussi le savoir collectif du passé qui est l'héritage transmis par l'ethnie et la communauté ; enfin le savoir individuel, celui de votre propre expérience. Ces trois modes de savoir existent : scientifique, collectif et personnel. Leur ensemble constitue-t-il l'intelligence ?

Qu'est-ce que le savoir ? Quelle relation y a-t-il entre le savoir et l'intelligence ? L'intelligence utilise le savoir, l'intelligence étant la faculté de penser clairement, objectivement, sainement. Elle est indépendante des émotions personnelles et des opinions personnelles, des préjugés et des tendances de chacun.

L'intelligence est la faculté de compréhension directe. Je crains que ceci ne soit difficile à saisir. Mais c'est important et il est bon pour vous de faire travailler votre cerveau.

Donc, il existe le savoir, qui est le passé, et auquel on ajoute à chaque instant de nouveaux éléments, et puis il y a l'intelligence. L'intelligence est la qualité d'un esprit hautement sensible, très éveillé, très présent. Elle ne s'attache à aucun jugement, à aucune évaluation particulière, mais elle est capable de penser très clairement, objectivement. L'intelligence ne se confine dans aucun engagement. Est-ce que vous me suivez ?

Eh bien, comment cette intelligence peut-elle être développée, et quelle est sa capacité ? Vous vivez ici et on vous entraîne à diverses disciplines, à différentes branches de la science. Est-ce que l'on vous élève de façon à permettre en même temps à cette intelligence de prendre naissance ? Vous voyez ce que je veux dire ? Vous pouvez avoir de très vastes connaissances comme mathématicien ou comme ingénieur, vous pouvez obtenir un diplôme, être admis dans un collège, devenir un ingénieur de premier ordre mais, est-ce qu'en même temps, votre sensibilité, votre conscience s'éveillent ? Pensez-vous de façon objective, claire et à la fois intelligente et vaste ? Votre science et votre intelligence sont-elles en harmonie ? Y a-t-il un équilibre entre les deux ?

Vous ne pouvez pas penser clairement si vous avez des préjugés, des opinions arrêtées. Vous ne pouvez pas penser clairement si vous n'êtes pas sensible, sensible à la nature, à tout ce qui se passe autour de vous et sensible tout autant à ce qui se passe en vous. Si vous n'avez pas cette sensibilité, si vous ne prenez conscience de rien, vous ne pouvez pas penser clairement. L'intelligence implique que vous aperceviez la beauté de la terre, celle des arbres, des cieux, du coucher de soleil, des étoiles, la beauté de ce qui est subtil.

Cette intelligence, est-ce que vous êtes en train de la faire fructifier dans cette école, ou bien n'y recueillez-vous qu'un savoir livresque ? Si vous n'avez pas d'intelligence, de vraie sensibilité, le savoir peut devenir une chose très dangereuse. Il peut être utilisé à des fins destructrices. C'est ce qui se passe dans le monde entier. Possédez-vous cette intelligence qui pose des questions, qui part à la découverte ? Que faites-vous, professeurs et étudiants, pour aider à la naissance de cette qualité d'intelligence capable de voir la beauté de la terre, comme ses plus profondes misères, capable de prendre conscience également des événements intérieurs, du fonctionnement de sa pensée, de saisir la subtilité de la pensée — tout cela le faites-vous ? Sinon, à quoi sert l'éducation de quelqu'un.

Quelle est la fonction de l'éducateur ? Est-elle simplement d'impartir des connaissances, ou bien d'éveiller en vous cette intelligence ? Si j'étais un professeur ici, savez-vous ce que je ferais ? Eh bien, tout d'abord, je voudrais vous voir mettre tout en question, non pas le connu, — cela c'est très simple — mais mettre en question votre façon de regarder, de regarder ces collines, ces tamaris, comment écouter un oiseau, comment suivre le cours d'une rivière. Je vous aiderais à regarder la terre et sa beauté merveilleuse, le sol qui ici est si rouge. Et puis alors, je vous dirais : « Regardez les paysans, les villageois. Regardez-les, ne les critiquez pas, regardez leur misère, leur saleté. Ne les regardez pas de la façon dont vous le faites en ce moment, dans la plus complète indifférence. » Ces cabanes qui sont là-bas, n'y avez-vous jamais été ? Et vos professeurs sont-ils allés là-bas, ont-ils regardé ces cabanes et s'ils l'ont fait, que s'en est-il suivi ? Donc, je vais vous inciter à regarder, c'est-à-dire à être sensibles.

Vous ne pouvez pas être sensibles si vous restez indifférents, si vous négligez de regarder ce qui se passe autour de vous. Je vous dirais aussi : « Pour être intelligents, il vous faut savoir ce que vous faites, comment vous marchez, comment vous parlez, comment vous mangez. » Vous comprenez ? Et je dirais : « Écoutez, discutez, n'ayez pas peur de poser des questions, découvrez, apprenez. » Pendant vos cours, je discuterais d'un sujet avec vous, comment lire, comment apprendre, que signifie faire attention. Et si vous me dites que vous avez envie de regarder par la fenêtre, je vous dirais : « Mais regardez par la fenêtre, voyez tout ce que vous voulez voir par la fenêtre et après, quand vous aurez bien tout vu, regardez votre livre avec un intérêt égal et un total plaisir. » Je vous dirais encore : « Par des lectures, par des discussions, je vous ai aidés dans cette intelligence ; laissez-moi vous aider à découvrir comment vivre dans ce monde, d'une façon

Réponses sur l'éducation 35

saine et sans être à moitié endormis. » C'est là en quoi consiste la fonction d'un éducateur, ce n'est pas simplement de déverser une accumulation de dates, de connaissances. Il s'agit de vous montrer toute l'étendue de la vie, avec sa beauté, et sa laideur, avec tout ce qu'elle contient de joie, de détresse, de ravissement, de peur. Ainsi, quand vous quitterez ce lieu, vous serez un être humain véritable, capable d'utiliser votre intelligence dans la vie et non pas simplement un être irréfléchi, destructeur et endurci.

Professeurs, étudiants, directeurs, vous avez tous écouté. Qu'allez-vous faire ? Voyez-vous, c'est autant votre responsabilité à vous, en tant qu'étudiants, que celle de vos professeurs ; c'est la responsabilité des étudiants de demander, d'exiger et non pas simplement de dire : « Maintenant, je m'assieds et venez m'instruire. » Cela veut dire qu'il vous faut être extrêmement intelligents et sensibles, d'une intelligence en éveil et sans préjugé aucun. Il est également essentiel que les professeurs veillent à ce que vous ayez cette qualité d'intelligence, qui vous permette de quitter Rishi Valley avec un sourire, avec un chant dans le cœur et une vraie sensibilité, prêts à pleurer, ou prêts à rire.

E. : *Si on est très sensible, ne croyez-vous pas qu'on pourrait devenir très émotif ?*

K. : Et où est le mal si l'on est porté à l'émotion ? Quand je vois ces malheureux qui vivent dans la misère, je le ressens avec force. Est-ce mal ? Il n'y a pas de mal à ressentir des émotions quand vous voyez la misère qui vous entoure. Mais vous avez également des sentiments d'une certaine violence si quelqu'un dit quelque chose de péjoratif à votre sujet. Dans ce cas-là, et à cause de votre émotion, allez-vous le frapper en retour ? Ou bien, justement parce que vous êtes sensible et capable d'émotion, allez-vous prendre conscience de ce que vous vous proposez de faire ? S'il existe un intervalle avant que ne se produise votre réaction, et que vous observiez celle-ci en y étant sensible, alors dans cet intervalle entre en jeu l'intelligence. Permettez cet intervalle et commencez d'observer. Si vous êtes intensément conscient du problème, il se produit une action instantanée et cette action, c'est l'action juste, née de l'intelligence.

E. : *Pourquoi sommes-nous conditionnés ?*

K. : Pourquoi croyez-vous que nous sommes conditionnés ? C'est très simple. Vous avez posé la question. Eh bien, maintenant, servez-vous de votre cerveau. Découvrez pourquoi vous êtes conditionnés.

Vous êtes né dans ce pays. Vous vivez dans un certain environnement, au sein d'une culture. Vous devenez un jeune enfant, et alors, que se passe-t-il ? Regardez les petits qui vous entourent, observez les mères, les pères, qu'ils soient hindous ou musulmans de confession, qu'ils soient des communistes ou des capitalistes. À leur enfant, ils disent : « Faites ceci, faites cela. » Et l'enfant voit sa grand-mère qui va au temple, qui accomplit certains rites et, petit à petit, il en vient à accepter l'ensemble. Ou bien, peut-être que les parents disent : « Je ne crois pas aux rites. » L'enfant accepte cela également. Le fait tout simple, c'est que l'esprit, le cerveau de l'enfant est comme de la terre glaise qui enregistre, et cette terre reçoit de multiples empreintes comme les sillons d'un disque de gramophone. Tout est enregistré. Ainsi, chez un enfant, tout est enregistré consciemment ou inconsciemment et graduellement il devient un hindou, un musulman, un catholique ou un incroyant. Il établit alors des divisions, il dit : « Ma croyance, votre croyance, mon dieu, votre dieu, mon pays, votre pays. » Vous avez été conditionné à faire d'immenses efforts ; des efforts pour étudier, pour passer des examens, pour être sage et bon.

Donc, la question est de savoir comment l'esprit qui est conditionné peut se défaire et s'extraire de son conditionnement. Comment comptez-vous en sortir ? Maintenant, servez-vous de votre intelligence, cherchez à découvrir par vous-même, n'allez pas vers quelqu'un d'autre qui va vous dire : « Faites ceci et vous serez déconditionné. » Mais découvrez par vous-même comment vous déconditionner. Allons, secouez-vous, répondez-moi, discutez avec moi.

E. : *Pouvez-vous nous dire comment nous déconditionner ?*

K. : Afin de tomber dans le piège d'un nouveau conditionnement, n'est-ce pas ce que vous demandez ?

Pour commencer, savez-vous que vous êtes

conditionnés ? Comment le savez-vous ? Seulement parce que quelqu'un vous l'a dit ? Et alors, vous savez que vous êtes conditionnés. Vous voyez la différence ? Autrement dit, quelqu'un vient vous dire que vous avez faim. C'est donc une chose, mais de savoir par vous-même que vous avez faim, c'est complètement différent. Ces deux affirmations sont différentes, n'est-ce pas ? Et, de la même façon, savez-vous par vous-même, et sans qu'on vienne vous le dire, que vous êtes conditionné, en tant qu'hindou, ou musulman ? Le savez-vous par vous-même ?

Je vais vous poser une question et voir s'il y aura un intervalle avant votre réponse, d'accord ? Eh bien maintenant, observez, pensez très clairement, sans émotivité, sans préjugé. Ma question est celle-ci : Avez-vous conscience d'être conditionné sans qu'on vous le dise ? En avez-vous conscience ? Ce n'est pas tellement difficile.

Savez-vous ce que cela veut dire que de percevoir ? Quand vous avez mal au pouce, vous sentez, vous percevez la souffrance ; personne ne vient vous dire que vous souffrez, vous le savez. Eh bien maintenant, savez-vous de la même façon que vous êtes conditionné, conditionné à penser que vous êtes un hindou, que vous pensez à ceci, que vous croyez cela, qu'il vous faut aller au temple, qu'il ne vous faut pas aller au temple ? En avez-vous conscience ?

E. : *Oui.*

K. : En avez-vous conscience ?
Et maintenant que vous avez conscience d'être conditionné, que se passe-t-il en vous ?

E. : *Alors, je cherche à voir si je désire être déconditionné.*

K. : Vous êtes conditionné. Vous en prenez conscience. Et qu'est-ce qui se passe en vous après ?

Après, je demande : « Où est le mal d'être conditionné ? » Moi, je suis conditionné à être un musulman et vous à être un hindou, d'accord ? Et qu'est-ce qui se passe ? Nous pouvons vivre dans la même rue mais à cause de mon conditionnement, de ma croyance, de mon dogme, et vous avec votre croyance et votre dogme, bien que nous puissions nous rencontrer dans la rue, nous sommes séparés, et où il y a séparation, il y a forcément conflit.

Là où il y a des divisions économiques, sociales, politiques, il y a forcément conflits. C'est ainsi que le conditionnement est un agent de division. Par conséquent, afin de pouvoir vivre en paix dans ce monde, il faut nous libérer de notre conditionnement, cesser d'être exclusivement musulman ou hindou. C'est là le rôle de l'intelligence ; prendre conscience que l'on est conditionné, voir l'effet de ce conditionnement dans le monde, les divisions, le nationalisme, et ainsi de suite, et apercevoir que la division entraîne le conflit.

Le voir et prendre conscience d'être conditionné, c'est une activité de votre intelligence.

C'est suffisant pour aujourd'hui. Avez-vous d'autres questions à poser ?

E. : *Comment peut-on se libérer de ses préjugés ?*

K. : Quand vous dites « comment », qu'entendez-vous par ce mot ? Comment puis-je me lever de la place que j'occupe ? Tout ce que je sais, c'est que je dois me lever. Jamais je ne demande comment me lever. Servez-vous de votre intelligence, ne soyez pas pleins de préjugés.

Pour commencer, prenez conscience de ce que vous avez des préjugés. Ne vous laissez pas raconter par d'autres que vous en avez. Eux-mêmes en ont. Donc, ne vous préoccupez pas de ce que les autres gens peuvent dire sur les préjugés. Tout d'abord, prenez conscience de ce que vous en avez, et vous voyez l'effet des préjugés — ils divisent les gens — et, par conséquent, vous voyez qu'il faut qu'il y ait une action intelligente, à savoir que l'esprit doit être capable d'être libéré de ses préjugés. Je n'ai pas demandé comment parce que c'est impliquer un système, une méthode. Découvrez tout d'abord si votre esprit peut être libre de tout préjugé. Voyez ce que cela entraîne. Pourquoi entretenez-vous ces préjugés ? Parce que c'est une partie de votre conditionnement d'en avoir et que dans les préjugés, on puise une certaine considération et un grand plaisir.

Donc, tout d'abord, prenez conscience : prenez conscience de la beauté du pays, des arbres, de la couleur, des ombres, de la profondeur de la lumière, des feuillages en mouvement, observez les oiseaux, prenez conscience de tout ce qui vous entoure et puis, petit à petit, avancez, découvrez, prenez conscience de vous-même, de la manière dont vous réagissez dans vos rapports avec vos amis — tout cela fait naître l'intelligence.

Cela ne suffit-il pas pour ce matin ? Alors, faisons autre chose.

Tout d'abord, restez assis absolument calmes, confortables, tranquilles, détendez-vous, je vais vous montrer comment faire. Et maintenant, regardez les arbres, les collines, leurs formes, regardez-les. Regardez la qualité de leurs couleurs, observez-les. Ne m'écoutez pas. Observez. Voyez les arbres jaunissants, les tamaris, les bougainvillées. Ne regardez pas avec l'idée de votre esprit mais avec vos yeux. Ayant regardé toutes les couleurs, la forme de la terre et des collines, les rochers, l'ombre, alors allez de l'extérieur vers l'intérieur, et fermez vos yeux, fermez-les complètement. Vous avez fini de regarder les choses extérieures et maintenant, avec les yeux fermés, vous pouvez regarder ce qui se passe en vous. Regardez le déroulement intérieur, n'appliquez pas votre pensée, simplement observez ; ne bougez pas vos yeux, tenez-les très, très tranquilles parce que maintenant, il n'y a rien à voir, vous avez regardé toutes les choses qui vous entourent, et maintenant, vous voyez ce qui se passe dans votre esprit, et il faut être intérieurement très calme.

Quand vous faites cela, savez-vous ce qui vous arrive ? Vous devenez très sensibles, présents à toutes choses en vous et autour de vous. Vous découvrez que l'extérieur ne fait qu'un avec l'intérieur, que l'observateur et l'observé ne font qu'un.

De la liberté et de l'ordre

KRISHNAMURTI : C'est une merveilleuse matinée, n'est-ce pas ? Pleine de fraîcheur et, sur l'herbe, il y a de la rosée, et les oiseaux chantent. J'espère que vous avez joui de cette matinée autant que moi, en regardant par la fenêtre le ciel parfaitement bleu, les ombres nettes, et l'air étincelant, et tous les oiseaux, les arbres, la terre, criant leur joie. J'espère que vous avez écouté.

Je voudrais, ce matin, parler de quelque chose que nous devons tous comprendre. Pour comprendre quelque chose, il faut écouter, comme vous écouteriez ces oiseaux. Si vous voulez entendre cet appel si clair, il faut écouter de près, très attentivement, suivre chaque note, suivre le moindre mouvement du son, sentir la profondeur où il descend, l'ampleur qu'il atteint. Si vous savez écouter, vous apprenez beaucoup ; écouter est plus important que n'importe quoi d'autre dans la vie. Apprendre à écouter demande avant tout d'être très attentif. Si votre esprit, vos pensées, votre cœur, sont tournés vers d'autres choses, d'autres sentiments, vous ne pouvez pas écouter les oiseaux. On ne peut écouter sans une attention entière. Quand vous observez un oiseau, que vous observez les plumes, le coloris, le bec, la taille et la grâce du contour, alors vous vous donnez de tout votre cœur et de tout votre esprit, avec toute votre perception physique, vous donnez tout ce qui est en vous pour l'observer. Vous en arrivez à faire vraiment partie de cet oiseau. C'est une joie de tout votre être. Ainsi, de la même façon, ce matin, je vous en prie, écoutez, non pas dans le but de vous dire d'accord ou pas d'accord avec ce dont nous parlons, mais simplement écoutez.

Ne vous êtes-vous jamais assis sur le bord d'une rivière pour voir couler l'eau ? Vous ne pouvez en rien agir sur l'eau. Il y a l'eau claire, les feuilles mortes, les branchages. Vous voyez passer un animal mort, et tout cela, vous l'observez. Vous voyez le mouvement de l'eau, la clarté de l'eau, le courant rapide, la force de l'eau, l'abondance de l'eau. Mais vous ne pouvez rien. Vous regardez, vous laissez couler l'eau. De la même façon, écoutez ce dont j'ai envie de vous parler ce matin.

Aucune liberté ne peut exister sans ordre. Les deux vont de pair. Si vous ne pouvez pas avoir d'ordre, vous ne pouvez pas avoir de liberté. Ce sont deux choses inséparables. Si vous vous dites : « Je vais faire ce qui me plaît, j'arriverai aux repas quand il me plaira, j'assisterai aux cours quand il me plaira », vous allez créer du désordre. Vous devez également tenir compte de ce que les autres veulent. Si tout doit bien fonctionner, il vous faut être à l'heure. Si j'étais venu dix minutes en retard ce matin, je vous aurais fait attendre. Il me faut donc penser aux autres. Je dois avoir de la considération pour autrui. Je dois être poli, être conscient des autres, m'en préoccuper. Et, de cette considération, de ce soin, de cette vigilance, aussi bien extérieure et intérieure, naît un état d'ordre et avec cet ordre, surgit la liberté.

Vous le savez, les soldats, dans le monde entier, sont dressés chaque jour. On leur dit quoi faire, on leur dit de marcher en rang. Ils obéissent aux ordres implicitement et sans réfléchir. Savez-vous quel effet cette soumission exerce sur un homme ? Quand on vous dit quoi faire, quoi penser, obéir, suivre, savez-vous ce que cela vous fait ? Votre esprit s'engourdit, il perd sa spontanéité, sa rapidité. Cette discipline imposée extérieurement le rend stupide, conformiste, imitatif. Mais si vous vous disciplinez vous-même en observant, en écoutant, en ayant de la considération, en étant attentionné, de cette attitude d'observation et d'écoute, orientée vers les autres, vient l'ordre, l'ordre où il y a toujours liberté. Si vous êtes occupé à bavarder, à criailler, vous ne pouvez pas entendre ce que les autres ont à dire. Vous ne pouvez entendre clairement que quand vous êtes assis, tranquille et attentif.

Vous ne pouvez pas non plus connaître l'ordre si vous n'êtes pas libre d'observer, d'écouter, de penser aux autres. Ce problème de la liberté et de l'ordre est l'un des problèmes les plus difficiles dans la vie, l'un de ceux qui exigent le plus d'être résolus. Il est d'une grande complexité. Il faut y penser, y réfléchir, beaucoup plus que quand il s'agit de mathématiques, de géographie ou d'histoire. Si vous n'êtes pas véritablement libre, jamais vous ne pourrez vous épanouir, être bon, il ne peut y avoir de beauté. Si un oiseau n'est pas libre, il ne peut pas voler. Si la graine n'a pas la possibilité de pousser, elle ne peut pas vivre. Tout être doit connaître la liberté, y compris l'être humain. Les êtres humains s'effrayent de la liberté. Ils n'en veulent pas. Les oiseaux, les rivières, les arbres, tous exigent la liberté ; et l'homme doit l'exiger aussi, non pas à moitié, mais complètement. La liberté d'action, l'indépendance qui consiste à exprimer ce que l'on pense, à agir comme on veut agir, c'est assurément une des choses les plus importantes dans la vie. Être vraiment libéré de la colère, de la jalousie, de la brutalité, de la cruauté ; être vraiment libre en soi-même, c'est une chose des plus difficiles et dangereuses.

Vous ne pouvez pas obtenir la liberté tout simplement en la demandant. Vous ne pouvez pas dire : « Je vais être libre de faire ce qui me plaît. » Parce qu'il y a d'autres gens autour de vous qui, eux aussi, veulent être libres, veulent exprimer ce qu'ils ressentent, faire ce qu'ils désirent. Chacun veut être libre, et en même temps, chacun veut s'exprimer — sa colère, sa brutalité, son ambition, son désir de rivaliser et ainsi de suite. Ainsi, il y a toujours conflit. Moi, je veux faire quelque chose et vous aussi, alors nous nous combattons. La liberté ne consiste pas à faire ce que l'on veut parce que l'homme ne peut pas vivre seul. Même le moine, même le « sannyasi » n'est pas libre de faire ce qui lui plaît parce qu'il est obligé de lutter pour avoir ce qu'il désire, de lutter contre lui-même, d'argumenter avec lui-même. Il faut une grande intelligence, une grande sensibilité, une grande compréhension pour être libre et, néanmoins, il est absolument nécessaire que chaque être humain, quelle que soit sa culture, soit libre. Ainsi, vous le voyez bien, la liberté ne peut pas exister sans ordre.

E. : *Voulez-vous dire que, pour être libre, il faut qu'il n'y ait aucune discipline ?*

K. : J'ai expliqué soigneusement que vous ne pouvez pas avoir de liberté s'il n'y a pas d'ordre, et que l'ordre est discipline. Je n'aime pas me servir de ce mot « discipline » parce qu'il est chargé de toutes sortes d'arrière-pensées. La discipline veut dire conformisme, imitation, obéissance. Cela veut dire qu'il vous faut faire ce que l'on vous dit, n'est-ce pas ? Mais si vous voulez être complètement libre — et les êtres humains doivent être complètement libres, autrement ils ne peuvent pas s'épanouir, autrement ils ne peuvent pas être des êtres humains véritables — il vous faut découvrir par vous-même ce que veut dire être ordonné, et que veut dire être ponctuel, bienveillant, généreux, ce que veut dire être sans peur. C'est la découverte de toutes ces choses qui constitue la discipline, c'est ce qui permet à l'ordre d'exister. Si vous voulez découvrir, il vous faut observer et pour observer, il faut être libre. Si vous pensez aux autres, si vous observez, si vous écoutez, alors, parce que vous êtes libre, vous serez ponctuel, vous arriverez en classe régulièrement, vous étudierez, vous serez tellement vivant que vous aurez envie de faire toutes ces choses comme il le faut.

E. : *Vous dites que la liberté est une chose très dangereuse pour l'homme. Pourquoi ?*

K. : Pourquoi la liberté est dangereuse ? Vous savez ce que c'est que la société ?

E. : *C'est un grand groupe de gens qui vous dit ce qu'il faut faire et ce qu'il ne faut pas faire.*

K. : C'est un grand groupe de gens qui vous dit ce qu'il faut faire et ce qu'il ne faut pas faire... Mais c'est encore la culture, les coutumes, les habitudes d'une certaine communauté ; c'est la structure sociale, morale, éthique et religieuse au sein de laquelle l'homme vit ; c'est cela, en général, que l'on appelle la société. Or, si chaque individu, dans cette société, faisait ce qui lui plaît, il serait un danger pour cette société. Si vous faisiez ce qu'il vous plaît, ici, dans cette école, qu'est-ce qui se passerait ? Vous seriez un danger pour tout le reste de l'école, n'est-ce pas ? Donc, en général, les gens ne désirent pas que les autres soient libres. Un homme qui est véritablement libre, non pas dans ses idées, mais qui est intérieurement libre de toute avidité, de toute ambition, de toute envie, de toute cruauté, peut être considéré comme un danger pour les autres parce qu'il est entièrement différent de l'homme ordinaire. Alors la société, ou bien l'adore, ou bien le tue... ou bien le considère pour rien.

E. : *Vous avez dit qu'il nous faut avoir ordre et liberté. Mais comment pouvons-nous les obtenir ?*

K. : Tout d'abord, il ne vous faut pas dépendre des autres ; vous ne pouvez pas vous attendre à ce que quelqu'un d'autre vous donne l'ordre et la liberté, que ce soit votre père, votre mère, ou votre professeur. C'est en vous qu'il faut les faire naître. Voilà la première chose dont vous devez vous rendre compte : que vous ne pouvez rien demander aux autres, sauf naturellement des aliments, des vêtements, ou un lieu pour vivre. Vous ne pouvez en aucune façon demander, ni recourir à personne ; ni à vos gourous ni à vos dieux. Personne ne peut vous donner la liberté et l'ordre. C'est à vous de découvrir comment faire naître l'ordre en vous-même. Autrement dit, vous devez observer et découvrir tout seul ce que cela veut dire, comment faire naître un état de vertu en vous-même.

Savez-vous ce qu'est la vertu — être moral, être bon ? La vertu est ordre. Donc, demandez à vous-même comment être bon, bienveillant, plein de sollicitude. De cette sollicitude, de cet état d'observation, vous ferez naître un état d'ordre et, par conséquent, de liberté. Vous dépendez des autres pour vous dire ce que vous avez à faire, que vous ne devez pas regarder par la fenêtre, que vous devez être bienveillant, que vous devez être à l'heure, mais si vous vous dites en vous-même : « Je regarderai par la fenêtre quand j'en aurai envie, mais au moment où j'étudie, je vais regarder mon livre », vous établissez l'ordre en vous-même sans que d'autres aient à vous le dire.

E. : Et qu'est-ce qu'on gagne à être libre ?

K. : Rien du tout. Quand vous parlez de gagner, vous pensez en fonction de marchandage, n'est-ce pas ? Je vais faire ceci et, en échange, s'il vous plaît, donnez-moi quelque chose. Je vais être bon avec vous parce que cela me sera profitable. Mais ce n'est pas de la bonté. Tant que nous pensons en termes de « gagner quelque chose », il n'y a pas de liberté. Du moment que vous dites : « Si j'obtiens la liberté, je pourrai faire ceci ou cela », alors, ce n'est pas la liberté. Donc, ne pensez pas en termes d'utilité. Tant que nous pensons en ces termes, il n'est pas question de liberté. La liberté ne peut exister que quand il n'y a pas de mobile. Vous n'allez pas aimer quelqu'un parce qu'il vous donne à manger ou qu'il vous habille ou qu'il vous loge, car alors, ce n'est pas de l'amour.

Est-ce que vous vous promenez quelquefois tout seul ? Ou bien, sortez-vous toujours avec d'autres ? Si vous sortez quelquefois tout seul, sans aller trop loin parce que vous êtes encore très jeune, vous arriverez à vous connaître, ce que vous pensez, ce que vous ressentez, ce qu'est la vertu, ce que vous avez envie d'être. Découvrez. Vous ne pouvez rien découvrir de vous-même si vous êtes toujours en train de bavarder, de circuler avec vos amis, avec une demi-douzaine de gens. Asseyez-vous sous un arbre, tranquillement, tout seul, même sans un livre.

Simplement, regardez les étoiles, le ciel clair, les oiseaux, la forme des feuilles. Regardez l'ombre. Regardez l'oiseau qui traverse le ciel. En étant ainsi avec vous-même, tranquillement assis sous un arbre, vous commencez à comprendre comment fonctionne votre esprit. C'est aussi important que d'assister à un cours.

De la sensibilité

KRISHNAMURTI : Certains des professeurs de cette école discutaient avec moi l'autre jour de l'importance et de la nécessité d'avoir un corps et un esprit sensibles. Un être humain qui est conscient de son environnement, aussi bien que de chaque mouvement de sa pensée et de ses sentiments, est un homme qui est complet, harmonieux, sensible. Et comment cette sensibilité prend-elle naissance ? Comment peut-il y avoir un développement complet du corps, des émotions, de cette faculté de penser profondément et d'une façon vaste, de sorte que tout l'être devienne étonnamment vivant à l'égard de tout ce qui l'entoure, de chaque défi que lui porte la vie et de chaque influence qui se fait sentir ? Est-ce possible dans un monde comme celui-ci, un monde où le savoir technique est seul important, où gagner de l'argent, devenir ingénieur ou expert en électronique, prend une telle importance ? Peut-on vraiment être sensible ? Le politicien, l'expert en électronique deviennent de merveilleuses mécaniques humaines, mais leur vie ne sort pas de limites étroites. Ce sont des gens tristes qui n'ont pas de dimension profonde. Tout ce qu'ils connaissent, c'est leur propre univers, leur champ à eux.

Une vie qui est axée sur les connaissances techniques est une vie limitée et étroite. Par force, elle engendre beaucoup de tristesse. Mais, ne peut-on pas avoir des connaissances techniques, être capable de faire beaucoup de choses pour gagner un peu d'argent, et vivre tout de même dans ce monde avec intensité, clarté et vision ? Là est la vraie question. La vraie vie ne consiste pas simplement à aller au bureau jour après jour. La vie est extraordinairement importante, vibrante, c'est pourquoi il vous faut être sensible, avoir cette sensibilité à la beauté. Voyez-vous, la beauté est quelque chose d'extraordinaire. Elle n'est jamais personnelle bien que nous en fassions quelque chose de personnel. Nous mettons des fleurs dans nos cheveux, nous avons de jolis saris, nous portons de belles chemises et de beaux pantalons, nous sommes très élégants et nous cherchons à être aussi beaux que possible ; mais c'est là une beauté limitée. Je ne dis pas que vous ne devez pas porter de beaux vêtements, mais cela sans plus ne consiste pas à apprécier la beauté. Apprécier la beauté, c'est voir un arbre, un tableau, une statue, les nuages, le ciel, les oiseaux en plein vol, l'étoile du matin et le coucher du soleil derrière ces collines. Pour percevoir cette immense beauté, il nous faut voir au-delà de nos petites vies personnelles.

Vous pouvez avoir bon goût. Savez-vous ce que veut dire « avoir le goût harmonieux ? » Savoir comment combiner des couleurs, ne pas porter des couleurs criardes, ne pas tenir des propos cruels sur les autres, se sentir plein de bienveillance, voir la beauté d'une maison, avoir de beaux tableaux dans votre chambre, que celle-ci ait de belles proportions ; tout cela c'est le bon goût et on peut le cultiver. Mais avoir bon goût, ce n'est pas apprécier la beauté. La beauté n'est jamais une chose personnelle. Quand on en fait quelque chose de personnel, elle est toujours centrée sur soi. Et l'éternelle préoccupation de soi-même est la source de la souffrance. Vous savez, la plupart des gens ne sont pas très heureux dans ce monde. Ils ont de l'argent, ils ont une situation, ils sont plus ou moins puissants. Mais enlevez l'argent, la situation sociale, la puissance, vous apercevrez un cœur sans profondeur. L'origine de cette superficialité, de ce tourment, ce qui est cause de leur conflit, de leur extrême angoisse, c'est un sentiment de culpabilité et de peur.

Apprécier vraiment la beauté, c'est voir une montagne, la beauté des arbres, sans que le « vous » soit présent. C'est éprouver le bonheur de regarder, même si les choses appartiennent à quelqu'un d'autre. Voir le courant d'une rivière, s'abandonner à lui du commencement à la fin ; se perdre dans l'enchantement, la vitalité, la rapidité de la rivière. Mais vous ne pouvez pas faire tout cela si ce qui vous préoccupe c'est l'argent, la puissance, une carrière réussie — qui ne sont qu'une partie de la vie. Car ne se préoccuper que d'une partie de la vie, c'est être insensible et, par conséquent, mener une vie superficielle et triste. Une vie mesquine s'accompagne toujours de souffrance, de confusion, non seulement pour soi-même mais encore pour les autres. Je ne suis pas en train de faire de la morale ; simplement, je dis ce que sont les faits de notre vie.

Le rôle de vos professeurs est de cultiver non seulement un aspect mais la totalité de votre esprit, de vous élever de façon à ce que vous ne vous laissiez pas prendre au mesquin tourbillon de l'existence mais que vous viviez avec plénitude le fleuve de la vie ; c'est là la fonction de l'éducation. L'éducation juste cultive votre être tout entier, la totalité de votre âme. Elle donne à votre esprit et à votre cœur une profondeur et une compréhension de la beauté.

Parmi les petites filles et les petits garçons qui sont ici, peut-être certains se marieront seulement, d'autres auront différents métiers, et ce sera la fin. Voyez-vous, dès l'instant où vous vous mariez — et je ne dis pas que vous ne devez pas vous marier — mais vous avez votre mari, des enfants, et des responsabilités vous tombent dessus comme des oiseaux s'abattent sur un arbre. Le mari, les enfants, la maison, deviennent une habitude et vous devenez les esclaves de cette habitude. Tous les jours durant, vous serez à travailler jusqu'à votre mort, à travailler dans la maison, ou à aller à votre bureau.

Je me demandais l'autre jour, en vous regardant vous amuser, quel serait votre avenir à tous ? Allez-vous intérieurement vivre votre vie avec une flamme ardente, ou bien allez-vous, pour le reste de votre existence, devenir un homme d'affaires ou une ménagère ? Qu'allez-vous faire ? Ne devrait-on pas vous élever pour que vous vous frayiez un chemin à travers la respectabilité, pour faire éclater tout le conformisme ? Je vous dis probablement quelque chose

Réponses sur l'éducation

de dangereux, mais tant pis. Peut-être allez-vous tendre l'oreille, peut-être que ce qui est dit poussera des racines dans votre conscience, peut-être qu'au moment de prendre une décision, le cours de votre vie pourra en être changé.

E. : *Mais comment être sensible ainsi ?*

K. : Je ne sais pas si vous avez remarqué l'autre soir qu'il pleuvait... À un certain moment, il y eut une brusque averse. On voyait des nuages lourds, sombres, pleins de pluie. Il y en avait aussi qui étaient pleins de lumière, blancs, avec une teinte de rose. Tous ces nuages ressemblaient à des plumes qui passaient. C'était merveilleux à voir et très beau. Si vous ne voyez pas, si vous ne sentez pas toutes ces choses quand vous êtes jeunes, quand vous êtes encore curieux, tâtonnants, quand vous cherchez encore et quand vous vous posez des questions, si vous ne sentez pas ces choses maintenant, vous ne les sentirez jamais. À mesure que vous allez vieillir, la vie se refermera sur vous, elle deviendra dure. C'est à peine si vous regarderez les collines, un beau visage, un sourire. S'il n'y a pas de sentiments d'affection, de bonté, de tendresse, la vie devient laide, brutale, ennuyeuse, et à mesure que vous allez vieillir, vous allez la remplir de politique, de préoccupations de métier, ou de préoccupations familiales. Vous allez commencer à avoir peur, et peu à peu, vous perdrez cette qualité extraordinaire qui vous permet de regarder un coucher de soleil, les nuages, les étoiles le soir. À mesure que vous vieillissez, l'intellect fait des ravages dans votre vie. Je ne veux pas dire que vous ne devez pas avoir une intelligence claire et raisonnable mais si c'est là ce qui seul prédomine, vous n'aurez plus la vivacité, la fraîcheur d'esprit, et les choses les plus belles de la vie seront perdues pour vous. Vous devez avoir un sentiment très fort au sujet de tout ce qui se passe, pas seulement pour une ou deux choses, mais pour tout. Si vous êtes ainsi, si vous avez ainsi des sentiments vigoureux, votre vie ne sera pas envahie par les petites choses. La politique, le métier, la situation sont de petites choses. Mais si vos sentiments sont intenses, si vous ressentez avec force, avec vitalité, vous vivrez avec au fond de vous un état de silence, et votre esprit sera très clair, simple et fort. À mesure que les hommes vieillissent, ils perdent cette qualité de sentiment, de sympathie, de tendresse pour les autres et, l'ayant perdu, ils se mettent à inventer des religions, ils fréquentent les temples, ils boivent, ils se droguent, ils font tout pour réveiller en eux cette spontanéité. Ils deviennent religieux mais la religion de ce monde est une construction humaine. Tous les temples, les églises, les dogmes, les croyances sont invention humaine. L'homme a peur parce qu'il se sent perdu s'il est privé d'un sentiment profond de beauté, d'un sentiment profond d'affection. Et, de ce fait, des cérémonies superficielles, la fréquentation des temples, la répétition des « mantras », tout cela prend une grande importance, mais en réalité, n'en a pas du tout. Une religion qui est née de la peur devient laide superstition.

Il faut donc comprendre la peur. Vous savez, chacun a peur : on a peur de ses parents, de ne pas réussir un examen, on a peur de ses professeurs, d'un chien, d'un serpent. Il vous faut comprendre la peur et vous en libérer. Si vous êtes libéré de la peur, il y a en vous un sentiment très fort de bonté, une disposition à penser clairement, à regarder les étoiles, les nuages, les visages avec un sourire. Dès qu'il n'y a plus la peur, vous pouvez aller beaucoup plus loin. Vous pouvez trouver par vous-même ce que l'homme a recherché d'une génération à l'autre.

Il existe dans des grottes en France et dans le nord de l'Afrique des peintures préhistoriques dont certaines remontent à près de 25 000 ans... Ce sont d'extraordinaires peintures. Elles témoignent de la recherche perpétuelle de l'homme, cette lutte pour la vie, la recherche de cette chose extraordinaire que l'on appelle « Dieu ». Mais ils ne la trouvent jamais, cette chose extraordinaire. On y parvient sans le savoir, obscurément, quand il n'existe plus aucune peur d'aucune sorte. Dès l'instant où la peur disparaît, les sentiments deviennent très puissants. Plus vos sentiments sont forts, moins vous vous préoccupez de petites choses. C'est la peur qui déforme tout sentiment de beauté, de qualité d'un silence profond. De la même façon que vous étudiez les mathématiques, il vous faut étudier la peur, il vous faut la connaître et ne pas fuir devant elle, il vous faut pouvoir la regarder en face. C'est comme si vous allez vous promener et, subitement, vous tombez sur un serpent ; vous sautez et vous observez le serpent. Si vous restez très tranquille, immobile, sans peur, vous pouvez le regarder de très près en vous tenant toutefois à une distance raisonnable. Vous pouvez regarder sa langue noire et ses yeux sans paupières. Vous pouvez regarder les écailles et les dessins de sa peau. Si vous observez ce serpent minutieusement, vous pouvez le voir, l'apprécier et peut-être même ressentir une grande affection pour lui mais vous serez incapable de le regarder si vous avez peur et si vous vous sauvez. Donc, de la même façon dont vous regardez ce serpent, il vous faut regarder cette lutte que l'on appelle la vie avec sa souffrance, sa tristesse, sa confusion, ses conflits, ses guerres, ses haines, son avidité, son ambition, son anxiété, sa culpabilité. Vous ne pourrez regarder la vie et l'aimer que lorsqu'il n'y aura en vous plus de peur.

E. : *Pourquoi est-ce que nous avons tous envie de vivre ?*

K. : Ne vous mettez pas à rire parce qu'un petit garçon demande, alors que la vie est si passagère, pourquoi nous avons cette soif de vivre ! Est-ce que ce n'est pas très triste qu'un petit garçon pose cette question ? Cela veut dire qu'il a vu par lui-même que tout passe. Les oiseaux meurent, les feuilles tombent, les gens vieillissent, l'homme est sujet à la maladie, à la souffrance, à la tristesse, à la douleur ; un peu de joie, un peu de plaisir, et du travail sans fin. Et le petit garçon demande pourquoi nous sommes si attachés à tout cela. Il voit comment les jeunes vieillissent avant leur âge, avant leur temps. Il voit la mort. L'homme se cramponne à la vie parce qu'il n'y a rien d'autre à faire que de se cramponner. Ses dieux, ses temples ne contiennent pas la vérité ;

ses livres sacrés ne sont que des mots. Donc, il demande pourquoi les gens se cramponnent à la vie quand il y a tant de souffrances ; est-ce que vous comprenez ? Que répondez-vous ? Et les gens plus âgés, qu'est-ce qu'ils vont répondre ? Et les professeurs de cette école, qu'est-ce qu'ils vont dire ? Il n'y a que le silence. Les gens plus âgés ont vécu d'idées, de paroles, et le petit garçon dit : « J'ai faim, donnez-moi à manger. Ne me nourrissez pas de paroles. » Il n'a pas tout à fait confiance en vous, alors il demande : « Pourquoi est-ce que nous nous cramponnons à tout ça ? »

Savez-vous pourquoi vous vous cramponnez ainsi à la vie ? Parce que vous ne connaissez rien d'autre. Vous vous cramponnez à votre maison, à vos livres, à vos idoles, aux dieux, aux conclusions, aux attachements, aux souffrances, parce que vous n'avez rien d'autre et tout ce que vous faites ne vous amène que la souffrance. Pour découvrir s'il existe autre chose, il vous faut lâcher prise, lâcher ce à quoi vous vous êtes attachés. Si vous voulez traverser le fleuve, vous devez vous écarter de cette rive. Vous ne pouvez pas rester assis sur une rive du fleuve. Vous voulez être libérés de la souffrance et pourtant vous ne voulez pas traverser le fleuve. Vous vous cramponnez à quelque chose que vous connaissez, si misérable que ce soit, et vous avez peur de lâcher prise parce que vous ne savez pas ce qu'il y a de l'autre côté du fleuve.

De la peur

KRISHNAMURTI : Je suis sûr que vous avez souvent entendu des politiciens, des éducateurs, vos parents ou le public, dire que vous êtes la génération du futur. Mais quand ils parlent de vous comme étant une génération nouvelle, ils ne parlent pas sérieusement parce qu'ils s'assurent que vous allez vous conformer au modèle ancien de la société. Ils n'ont vraiment pas envie de vous voir devenir des êtres humains nouveaux et différents. Ils veulent faire de vous quelque chose de quasi mécanique qui s'adapte à la tradition, se conforme, croit, accepte l'autorité. Mais si malgré tout cela vous êtes capables de vous libérer réellement de la peur, non pas en théorie ou dans l'idéal, et non pas seulement de l'extérieur, mais de façon authentique, intérieure, profonde, chacun de vous est capable à ce moment de devenir un être humain différent. Alors vous pouvez devenir la génération nouvelle.

Vos aînés sont dominés par la peur — la peur de la mort, la peur de perdre leur situation, la peur de l'opinion — ils sont complètement sous son emprise. C'est ainsi que leurs dieux, leurs

Écritures, leurs *pujas*, relèvent tous du domaine de la peur, et leur esprit s'en trouve étrangement déformé et perverti. Un tel esprit ne peut pas penser droit, ne peut pas raisonner logiquement, sainement, parce qu'il est enraciné dans la peur. Observez la génération de vos aînés et vous verrez combien elle est pusillanime, comment elle a peur de tout — de la mort, de la maladie, d'aller à contre-courant de la tradition — peur d'être différente, d'être nouvelle.

La peur, c'est ce qui empêche l'épanouissement de l'esprit, l'épanouissement de la bonté. La plupart d'entre nous apprenons à travers la peur. La peur est la base essentielle de l'autorité et de l'obéissance. Il y a l'autorité du livre, l'autorité selon Çankara, selon Bouddha, ou l'autorité selon Einstein. La plupart des gens ne font que suivre ; ils font du penseur original une autorité et par la propagande, par l'influence, par la littérature, ils impriment dans le cerveau délicat cette nécessité d'obéir. Que vous arrive-t-il quand vous obéissez ? Vous cessez de réfléchir, parce que vous avez le sentiment que les autorités savent tant de choses, qu'elles représentent des gens tellement puissants, qui ont tant d'argent, de pouvoir sur vous ; et parce que ces autorités se servent des mots « devoir » et « amour », vous succombez, vous vous inclinez, vous devenez dociles, vous devenez esclaves d'une idée, d'une impression, d'une influence. Quand le cerveau se conforme à un modèle d'obéissance, il perd toute sa fraîcheur, il n'est plus capable de penser simplement et directement.

Et maintenant, est-il possible d'apprendre sans suivre une autorité ? Savez-vous ce que c'est d'apprendre ? Acquérir du savoir c'est une chose, mais apprendre est quelque chose d'entièrement différent. Une machine peut recueillir de l'information comme le font un automate ou un ordinateur électronique. Une machine emmagasine du savoir parce qu'on lui procure certains éléments d'information. Elle accumule de plus en plus de ces éléments et cette accumulation devient science. Une telle machine a la faculté de recueillir une somme d'informations, de l'emmagasiner et de répondre quand une question lui est posée. D'un autre côté, quand l'esprit humain peut apprendre, il se révèle capable de bien plus que de simplement acquérir et emmagasiner. Mais il ne peut vraiment apprendre que quand il est plein de fraîcheur, quand il ne dit pas : « Je sais. » Donc, il nous faut établir une distinction et séparer le fait d'apprendre de celui d'acquérir du savoir.

Accumuler des connaissances vous rend mécaniques, mais apprendre permet à l'esprit d'être plein de spontanéité, de jeunesse, de subtilité. Et vous ne sauriez apprendre si vous vous contentez de suivre l'autorité du connu. La plupart des éducateurs dans le monde entier se contentent d'acquérir et d'impartir des savoirs, faisant ainsi de l'esprit une mécanique incapable d'apprendre réellement. Vous ne pouvez apprendre que quand vous ne pensez pas savoir. Apprendre ne devient possible que quand il n'y a plus de peur et plus d'autorité.

La question se pose de comment enseigner des mathématiques ou toute autre discipline, sans exercer d'autorité et, par conséquent, sans introduire de peur. Celle-ci est implicite partout où il y a un esprit compétitif, que celui-ci règne dans un cours ou dans la vie. Avoir peur d'être sans importance, de n'être personne, de ne pas réussir, de ne pas parvenir, c'est la racine même de la volonté de rivaliser. Mais dès qu'il y a crainte, vous cessez d'apprendre vraiment. Et ainsi, il me semble que c'est la fonction même de l'éducation que d'éliminer la peur, de veiller à ce que vous ne deveniez pas mécaniques tout en vous instruisant. Apprendre sans devenir mécanique, ce qui veut dire sans qu'il y ait la moindre crainte, est un problème complexe. Il implique l'élimination de tout esprit compétitif. Quand existe ce processus de compétitivité, vous vous conformez ; petit à petit, vous détruisez la subtilité, la fraîcheur, la jeunesse du cerveau. Il n'est évidemment pas question de rejeter la science ou le savoir. Mais est-il possible d'obtenir le savoir et d'être, néanmoins, libéré de toute peur ? Comprenez-vous ceci ? Quand apprenez-vous le mieux ? Vous êtes-vous jamais observé pendant que vous appreniez ? Tâchez de vous observer et de vous voir à ce moment-là. Vous apprenez le mieux quand vous n'avez aucune crainte, quand vous n'êtes menacé par aucune autorité, quand vous n'êtes pas en train de concurrencer votre voisin. Votre esprit devient alors extraordinairement vivant. La question donc, pour votre professeur, ainsi que pour vous en tant qu'étudiant, c'est d'apprendre en dehors de toute autorité, d'acquérir de la science sans pervertir, sans abrutir le cerveau et d'éliminer la peur. Voyez-vous la nature du problème ? Pour qu'on apprenne, il ne faut aucun conformisme, aucune autorité, et malgré cela, il vous faut recueillir des connaissances. Combiner tous ces éléments sans déformer le cerveau, voilà le problème. Ainsi quand vous vieillirez, quand vous passerez un examen, quand vous vous marierez, vous aborderez la vie avec fraîcheur et sans crainte. Vous apprenez à connaître la vie tout le temps et vous ne vous contentez pas de l'interpréter selon votre modèle.

La vie, savez-vous ce que c'est ? Vous êtes trop jeunes pour le savoir. Je vais donc vous le dire. Avez-vous vu ces paysans vêtus de haillons, sales, perpétuellement affamés et travaillant chaque jour de leur vie ? C'est là un aspect de la vie. Et puis, par ailleurs, vous voyez un homme conduisant une automobile, sa femme couverte de bijoux, de parfum, accompagnée de nombreux domestiques, cela aussi fait partie de la vie. Puis il y a aussi l'homme qui, volontairement, renonce à ses richesses, qui vit d'une vie très simple, et qui est complètement anonyme, qui ne cherche pas à se faire connaître et qui ne va pas en proclamant qu'il est un saint... Cela aussi fait partie de la vie.

Il y a encore l'homme qui désire devenir un ermite, un *sannyasi* ; celui qui tombe dans la dévotion, qui ne veut pas réfléchir, qui suit aveuglément. Cela encore fait partie de la vie. Et il y a aussi l'homme qui réfléchit soigneusement, logiquement, sainement, et, s'apercevant que même ses pensées sont limitées, va au-delà de la pensée. Et cela fait encore partie de la vie. Et la mort fait partie de la vie, la perte de tout. Croire aux dieux et aux déesses, aux sauveurs, au paradis, à l'enfer, fait partie de la vie. Cela fait encore partie de la vie que d'aimer, de haïr, d'être jaloux, d'être avide et cela fait partie de la vie d'aller au-delà de toutes ces choses triviales. Cela ne sert à rien de grandir en acceptant une partie de la vie, cette partie mécanique toute préoccupée de l'acquisition de savoir, l'acquisition de modèles, celle des valeurs créées par la génération passée. Il se trouve que vos parents ont de l'argent, ils vous envoient à l'école, puis au collège et ils veillent à ce que vous ayez une situation. Puis vous vous mariez et c'est la fin de l'histoire. Mais tout cela, ce n'est qu'un minuscule segment de la vie et il y a ce champ de la vie qui est si vaste, si incroyablement vaste. Et pour le comprendre, il ne faut pas la moindre peur, et c'est extrêmement difficile.

Une des choses les plus poignantes de notre existence, c'est le fait que tout se fane, que l'on se désintègre. Cette désintégration est en rapport avec la peur. À mesure que vous vieillissez, faute de résoudre ce problème quand il surgit, sans le laisser durer jusqu'au lendemain, un élément de détérioration s'introduit en vous. C'est comme une maladie, une blessure qui s'infecte et qui détruit. La peur de ne pas avoir une meilleure situation, de ne pas vous accomplir, cela dévore votre capacité, votre sensibilité, votre fibre intellectuelle et morale.

Résoudre le problème de la peur est donc en rapport avec ce fait de la détérioration. Cherchez à découvrir, à voir clairement ce dont vous avez peur et voyez si vous ne pouvez pas aller au-delà de cette peur, non pas verbalement ni théoriquement mais vraiment. N'acceptez aucune autorité. Accepter une autorité, c'est toujours une pure obéissance et cela ne fait que donner lieu à de nouvelles peurs.

Pour comprendre cette chose extraordinairement complexe que nous nommons la vie, qui implique le temps et qui est aussi au-delà du temps, il vous faut avoir un esprit très jeune, plein de fraîcheur et d'innocence. Un esprit qui porte avec lui la peur, jour après jour, mois après mois, c'est un esprit mécanisé et vous voyez bien que les machines ne peuvent pas résoudre les problèmes humains. Vous ne pouvez pas avoir un esprit plein de fraîcheur et d'innocence si vous êtes obsédé par la peur, si, dès votre enfance et jusqu'au jour de votre mort, vous êtes entraîné à craindre. C'est pour cela qu'une bonne éducation, une éducation vraie, doit éliminer la peur.

E. : *Mais comment peut-on se libérer complètement de la peur ?*

K. : Tout d'abord, il vous faut savoir ce qu'elle est. Si vous connaissez bien votre femme, votre mari, vos parents, la société, vous n'en avez plus peur. Connaître complètement une chose, c'est libérer l'esprit au sujet de celle-ci.

Comment allez-vous opérer la connaissance de la peur ? Avez-vous peur de l'opinion publique, l'opinion publique étant, dans votre cas, ce que vos amis pensent de vous. La plupart d'entre nous, et spécialement quand nous sommes jeunes, avons le désir de ressembler à tout le monde, de nous habiller comme tout le monde, de parler comme tout le monde.

Nous ne voulons même pas être un peu différents parce que être différent implique que nous refusons de nous conformer, que nous n'accep-

Réponses sur l'éducation

tons pas le modèle. Or dès que vous commencez à mettre ce modèle en question, vient la peur. Donc, examinons cette peur, creusons-la. N'allons pas dire : « J'ai peur » afin de fuir. Regardez-la, regardez-la en face et découvrez pourquoi vous avez peur.

Supposons que j'aie peur de mon voisin, de ma femme, de mon dieu, de mon pays, qu'est-ce donc que cette peur ? Est-ce une chose véritable ou est-ce qu'elle n'existe que dans ma pensée, dans le temps ? Je vais prendre un exemple plus simple. Nous allons tous mourir à un moment ou à un autre. La mort est une chose inévitable pour chacun de nous. Et quand je pense à la mort, j'ai peur, c'est-à-dire que je pense à quelque chose que je ne connais pas et cela me fait peur. Mais si la chose était réelle, si la mort devait être immédiate, si j'allais mourir tout de suite, il n'y aurait pas de peur. Vous comprenez ? C'est la pensée se lançant dans le temps qui engendre la peur. Mais si quelque chose doit être fait tout de suite, il n'y a pas de peur parce qu'il n'est pas possible d'y penser. Si je dois mourir à l'instant même, je regarde en face ; mais donnez-moi une heure de réflexion, et je commence à me dire : « Mais mes biens, mes enfants, mon pays, je n'ai pas fini mon livre... » Et je deviens nerveux, effrayé.

La peur est donc toujours une affaire de temps parce que le temps c'est le temps de la réflexion. Pour éliminer la peur, il vous faut envisager la pensée comme étant l'essence même du temps et ensuite examiner tout ce processus de la pensée. Et c'est un peu difficile.

J'ai peur de mes parents, de la société, de ce

qu'on pourra dire demain ou dans dix jours. Et en pensant à ce qui pourrait se passer, je projette la peur. Or, puis-je dire : « Cette peur, je vais la regarder tout de suite et non pas dans dix jours ? » Puis-je provoquer ce que les gens vont dire, à présent ? Examiner ce qu'ils disent, et s'il se trouve qu'ils ont raison, ne puis-je pas l'accepter ? Pourquoi avoir peur ? S'ils ont tort, cela aussi je l'accepte. Pourquoi n'auraient-ils pas tort ? Et pourquoi avoir peur ? Donc, je vais écouter mon professeur pour apprendre et je ne vais pas me laisser effrayer. Ainsi, quand je regarde la peur en face, elle s'affaiblit. Mais pour la regarder en face, il faut que j'interroge, que je pose des questions, et ça, c'est un problème assez compliqué parce qu'il fait intervenir le problème du temps.

Vous savez, il y a deux espèces de temps. Il y a le temps que mesure ma montre, l'instant suivant, ce soir, aujourd'hui, demain ; et puis, il y a un autre genre de temps qui est créé par la pensée qui est en moi. Je me dis : « Je serai un grand homme », ou : « J'aurai une belle situation », ou : « Je vais faire un voyage en Europe. » Ça, c'est l'avenir psychologique et dans le temps et dans l'espace. Or, comprendre le temps chronologique, celui qui est mesuré par la montre, et comprendre le temps comme création de la pensée, et aller au-delà des deux, c'est ainsi que l'on est complètement libéré de la peur.

E. : *Vous avez dit que si on connaît quelque chose, on cesse d'en avoir peur. Mais comment peut-on savoir ce qu'est la mort ?*

K. : Voilà une très bonne question. Vous demandez : « Comment peut-on savoir ce qu'est la mort et comment peut-on cesser d'en avoir peur ? » Je vais vous le montrer.

Vous savez, il y a deux espèces de mort — la mort physique et la mort de la pensée. Le corps doit mourir, c'est inévitable — comme un crayon qui écrit, un jour finit par s'user. Les médecins inventeront de nouveaux médicaments, vous pourrez vivre cent vingt ans au lieu de quatre-vingts ans, il y aura toujours la mort, l'organisme physique prendra fin. Nous n'avons pas peur de cela. Ce dont nous avons peur, c'est d'arriver à la fin d'une pensée, de cette idée du « moi » qui a vécu pendant tant d'années, ce « moi » qui a gagné tant d'argent, qui a une famille, des enfants, qui veut devenir important, qui veut gagner de nouveaux biens, avoir encore plus d'argent. C'est la mort de ce « moi » dont j'ai peur. Est-ce que vous voyez la différence entre les deux ? La mort physique et la mort du « moi » ?

La mort du « moi » est psychologiquement beaucoup plus importante que la mort du corps et c'est de cela que nous avons peur. Maintenant, choisissez un plaisir et mourez à ce plaisir. Je vais vous expliquer cela. Je n'ai pas l'intention d'approfondir le problème tout entier, je suis simplement en train de vous désigner quelque chose. Voyez-vous ce « moi », c'est un ensemble de nombreux plaisirs et de nombreuses souffrances. Eh bien, ce « moi » peut-il mourir à une de ces choses ? Il saura alors ce que cela veut dire que la mort. Autrement dit, puis-je mourir à un désir ?

Puis-je dire : « Je ne veux pas ce désir. Je ne veux pas ce plaisir » ? Puis-je y mettre fin ? Puis-je y mourir ? Avez-vous des connaissances concernant la méditation ?

E. : *Non, monsieur.*

K. : Vos aînés ne le savent pas non plus. Ils s'asseyent dans un coin, se concentrent, ferment les yeux, comme des écoliers qui essayent de se concentrer sur un livre.

Mais cela n'est pas la méditation. La méditation est une chose extraordinaire si vous savez comment faire. Je vais en parler un peu.

Tout d'abord, tenez-vous assis très tranquille ; ne vous forcez pas à rester assis immobile mais asseyez-vous tranquillement, sans vous forcer. Comprenez-vous ? Puis, regardez-vous vous-même tandis que vous réfléchissez. Voyez les sujets de votre pensée. Vous allez vous apercevoir que vous pensez à vos souliers, à vos saris, à ce que vous allez dire, à l'oiseau que vous écoutez ; suivez ces pensées et demandez-vous pourquoi chacune d'elles surgit. N'essayez pas de changer votre façon de penser. Voyez comme certaines idées surgissent dans votre esprit et alors vous commencez à comprendre la signification de chaque pensée, de chaque sentiment sans qu'il y ait la moindre contrainte. Et quand une pensée surgit, ne la condamnez pas, n'allez pas dire qu'elle est bonne ou mauvaise, que vous avez raison ou pas, simplement observez. Vous commencez à percevoir, à saisir chaque pensée secrète, chaque sentiment différent, chaque mobile caché, sans qu'ils soient déformés, sans dire s'ils sont bons ou mauvais. Et quand vous regardez, quand vous creusez très profondément dans vos pensées, votre esprit devient très vivant et extraordinairement subtil. Il n'y a pas un coin de votre pensée qui soit endormi, elle est alors complètement éveillée.

Cela, c'est la base. Alors votre esprit est très calme. Tout votre être devient immobile. Persistez dans cette immobilité, allez plus en avant, plus loin, plus profondément ; c'est ça le processus de la méditation. La méditation ne consiste pas à s'asseoir dans un coin en répétant une suite de mots ; elle ne consiste pas à penser à un tableau ou à se perdre dans des imaginations extatiques ou plus ou moins désordonnées.

Comprendre tout le processus de votre pensée et de vos sentiments, c'est être libéré de toute pensée, être libéré de tout sentiment, de sorte que votre esprit, votre être tout entier devient très calme. Cela aussi, c'est une partie de la vie. Avec ce calme, cette tranquillité, vous êtes capables de regarder l'arbre, les gens, le ciel, les étoiles. C'est là la beauté de la vie.

De la violence

KRISHNAMURTI : Il y a beaucoup de violence dans le monde. Il y a la violence physique, manifeste, et la violence intérieure. La violence manifeste, c'est tuer quelqu'un, blesser les autres d'une façon consciente, de propos délibéré ou bien sans y penser, ou encore c'est de dire des choses cruelles, remplies de haine et d'antagonisme. Intérieurement, sous sa peau, c'est ne pas aimer les gens, c'est les haïr, les critiquer ; intérieurement, nous ne faisons que nous quereller, nous sommes toujours en lutte avec les autres mais tout autant avec nous-mêmes. Nous voulons que les gens changent, et nous voulons les forcer à adopter notre façon de penser.

Dans le monde, à mesure que nous grandissons, nos yeux découvrent beaucoup de violence, à tous les niveaux de l'existence humaine. L'ultime violence, c'est la guerre — tuer au nom d'idéologies, au nom de principes soi-disant religieux, tuer au nom des nationalismes, tuer pour conserver une parcelle de terre. Pour arriver à ses fins, l'homme est capable de tuer, de détruire, de mutiler, et aussi de se laisser tuer lui-même. La violence, dans le monde, est énorme ; les riches voulant maintenir les pauvres dans leur pauvreté et les pauvres avides de devenir riches en venant à la haine dans cet engrenage. Vous-mêmes, pris dans l'engrenage de cette société, vous allez aussi contribuer à cette situation.

Il existe une violence entre le mari, la femme et les enfants. Violence, antagonisme, haine, cruauté, dénigrement, colère — tout cela est inhérent à l'homme, inhérent à chaque être humain. Inhérent à vous. L'éducation est censée vous aider à aller au-delà de ces éléments sans se contenter de vous faire passer des examens et obtenir une situation. On doit vous éduquer pour permettre à chacun de devenir un être humain vraiment sain, beau et rationnel et non pas un être brutal doué d'un cerveau très habile pour user d'arguties et justifier sa propre brutalité. Vous allez devoir vous trouver en face de toute cette violence à mesure que vous allez grandir et vous allez oublier tout ce que vous avez entendu ici et vous laisser entraîner dans le courant de la société. Vous allez ressembler au monde cruel, dur, amer, plein de colère et de violence, et vous n'aiderez pas à l'avènement d'une société nouvelle, d'un monde nouveau.

Pourtant, un monde nouveau est nécessaire. Une culture nouvelle est nécessaire. L'ancienne culture est morte, enterrée, brûlée, pulvérisée. Il vous faut créer une nouvelle culture. Une nouvelle culture ne peut pas être basée sur la violence. La nouvelle culture dépend de vous parce que la génération précédente a construit une société fondée sur la violence, sur l'agressivité, et c'est ce qui a causé toute la confusion et toute la souffrance. Les générations passées ont produit ce monde et vous, vous devez le changer. Vous ne pourrez pas simplement rester inerte et dire : « Je vais faire comme tous les autres gens et ne me préoccuper que de réussite et de situation. » Si vous le faites, vos propres enfants en souffriront. Peut-être aurez-vous ce qu'on appelle du bon temps, mais vos enfants en souffriront, c'est eux qui paieront. Il vous faut donc prendre tout cela en compte : la cruauté extérieure de l'homme vis-à-vis de l'homme, exercée au nom de Dieu, au nom de la religion, au nom de l'affirmation de soi, ou de la sécurité de la famille. Vous aurez à tenir compte de la violence, de la cruauté de fait, et aussi de cette violence intérieure que vous ne connaissez pas encore.

Vous êtes jeunes encore mais tandis que vous allez vieillir, vous vous rendrez compte de ce que l'homme vit intérieurement un enfer, subit de grandes souffrances parce qu'il est dans un état de lutte constante avec lui-même, avec sa femme, avec ses enfants, avec ses voisins, avec ses dieux. Il est dans la confusion et la douleur et il ne voit vivre ni amour, ni bienveillance, ni générosité, ni charité. Un homme peut faire suivre son nom de diplômes et de titres universitaires, il peut devenir un grand homme d'affaires, posséder beaucoup, mais s'il n'a aucun amour, aucune affection, aucune considération pour autrui, il est véritablement pire qu'un animal parce qu'il contribue à un monde destructeur. Donc, maintenant que vous êtes encore jeunes, vous devez connaître toutes ces choses. Il faut qu'on vous les montre. Vous devez être amenés à les voir pour que votre esprit commence à réfléchir.

Autrement, vous deviendrez comme le reste du monde — et sans amour, sans affection, sans charité ni générosité, la vie prend un aspect dégradant. C'est pour cela qu'il faut approfondir tous ces problèmes posés par la violence. Ne pas comprendre ce qu'implique la violence, c'est être réellement ignorant, être dénué d'intelligence et de culture. La vie est d'une telle, d'une si puissante immensité, que se contenter de tailler une petite niche à soi pour s'y calfeutrer en chassant les autres dehors ce n'est pas vivre. Cela ne tient qu'à vous. À partir de maintenant, vous devez prendre connaissance de toutes ces choses. Il vous faut choisir, et vous déterminer : ou bien vous allez suivre le chemin de la violence, ou bien vous vous dresserez à contre-courant de la société.

Soyez libres, vivez joyeusement, avec bonheur, sans aucun antagonisme et sans haine aucune. La vie, alors, devient tout autre, elle prend un sens, et s'emplit de joie et de lumière.

Quand vous vous êtes réveillés ce matin, avez-vous regardé par la fenêtre ? Si vous l'aviez fait, vous auriez vu que toutes ces collines prenaient une couleur de safran à mesure que le soleil se levait en se détachant sur ce ciel merveilleusement bleu. Puis, quand les oiseaux ont commencé à chanter et quand, à l'aube, le coucou a fait résonner son chant, il y a eu un profond silence alentour, un sentiment de beauté, de solitude. Et si l'on est inconscient de tout cela, on pourrait tout aussi bien être mort. Pourtant, rares sont ceux qui en prennent conscience. Vous ne pouvez le faire que si votre cœur et votre esprit sont ouverts, s'il n'y a plus en vous aucune peur, si vous n'êtes plus violents. Vient alors une joie, une félicité extraordinaire connue de peu de gens et c'est une part de l'éducation que de susciter cet état dans l'esprit humain.

E. : *La destruction complète de la société permettra-t-elle d'établir une nouvelle culture ?*

K. : La destruction complète pourra-t-elle entraîner une nouvelle culture ?

Vous savez, il y a déjà eu des révolutions — la Révolution française, la révolution russe, la révolution chinoise — elles ont tout détruit afin de recommencer à zéro. Ont-elles produit quelque chose de neuf ?

Disons que chaque société a une hiérarchie multiple où ceux qui sont dominés poursuivent tour à tour la lutte pour la domination. [...] Cette lutte se retrouve tout le temps dans la société et dans toutes les cultures... et lorsque la classe qui a fait la révolution arrive au sommet, vous voyez ce qu'elle fait — elle sait comment maîtriser les gens par la pensée, la torture, la mort, la destruction, la peur.

Donc, par la destruction, vous ne pourrez jamais rien produire. Mais si vous comprenez tout le processus de la destruction et du désordre, si vous l'étudiez dans ses aspects extérieurs et si vous l'étudiez tout autant en vous-mêmes, alors, par cette compréhension, cette sollicitude, cet amour, surgit un ordre entièrement différent. Mais si vous ne comprenez pas, si vous vous contentez de vous révolter, vous verrez le même modèle se répéter encore et encore parce que nous autres, les humains, nous sommes toujours pareils à nous-mêmes. Voyez-vous, ce n'est pas comme une maison que l'on peut abattre pour en construire une autre, les êtres humains ne sont pas faits ainsi parce qu'ils sont extérieurement éduqués, cultivés, habiles, mais intérieurement, ils sont violents. Aussi, à moins que cet instinct animal ne soit fondamentalement changé, quelles que soient les circonstances extérieures, l'état intérieur domine toujours l'état extérieur. La véritable éducation, c'est la modification de l'homme intérieur.

E. : *Vous avez dit : il faut changer le monde. Comment peut-on le changer, monsieur ?*

K. : Qu'est-ce que le monde ? Le monde, c'est l'endroit où vous vivez — votre famille, vos amis, vos voisins. Votre famille, vos amis, vos voisins, cela peut être étendu très loin, et en fin de compte, c'est là le monde.
Vous, vous êtes le centre de ce monde-là, c'est là le monde dans lequel vous vivez. Maintenant, comment allez-vous le changer ? En vous changeant vous-même ?

E. : *Mais, monsieur, comment peut-on se changer soi-même ?*

K. : Comment pouvez-vous le faire ?
Tout d'abord, il faut le voir. Commencez par voir que vous êtes le centre de ce monde. Vous, avec votre famille, vous êtes le centre. C'est dire

que le monde et vous sont à changer. Et vous demandez : « Comment dois-je changer ? » Comment change-t-on ? C'est là une des choses les plus difficiles — changer — parce que la majorité d'entre nous ne veut pas changer. Quand vous êtes jeunes, vous désirez changer. Vous êtes pleins de vitalité, d'énergie, vous désirez grimper aux arbres, regarder, vous êtes pleins d'une grande curiosité. Par la suite, quand vous êtes un peu plus âgés, vous allez au collège, vous commencez à vous installer, vous n'avez plus envie de changer. Vous dites : « Pour l'amour de Dieu, laissez-moi tranquille. » Ils sont très rares ceux qui veulent changer le monde et ils sont encore plus rares ceux qui veulent se changer eux-mêmes, parce qu'ils sont le centre du monde dans lequel ils vivent. Entraîner un changement quelconque, cela exige une formidable compréhension. On peut se modifier à partir de ceci en cela mais ce n'est pas là, changer. Quand vous entendez les gens dire : « Je change de ceci pour devenir cela », ils se figurent qu'ils avancent, ils se figurent qu'ils changent. Mais en réalité, ils n'ont pas bougé du tout. Ce qu'ils ont fait, c'est de projeter une idée préconçue de ce qu'ils « devraient être ». Cette idée qu'ils se font de ce qu'ils « devraient être » est différente de « ce qui est ». Le changement vers ce « qui devrait être » est, se figurent-ils, un mouvement. Mais ce n'est pas un mouvement. Ils se figurent que c'est un changement mais le changement, c'est en tout premier lieu, prendre conscience de « ce qui est » véritablement et vivre avec. On observe alors que le fait de voir, entraîne de lui-même le changement.

E. : *Est-il nécessaire d'être sérieux ?*

K. : Est-il nécessaire d'être sérieux ?
C'est une très bonne question, monsieur.
Tout d'abord, qu'entendez-vous par « sérieux » ? Avez-vous jamais pensé à ce que recouvre l'expression « être sérieux » ? Est-ce que cela consiste à cesser de rire ? Si vous avez un visage souriant, est-ce que cela indique que vous n'êtes pas sérieux ? Avoir le désir de regarder un arbre, d'en voir la beauté, est-ce manquer de sérieux ? Avoir le désir de comprendre pourquoi les gens ont tel aspect ou tel aspect, leur manière de se vêtir, pourquoi ils parlent comme ils le font, serait-ce là un manque de sérieux ? Ou bien être sérieux consiste à présenter une mine allongée et à être sans cesse à dire : « Est-ce que ce que je fais, je le fais bien ? Est-ce que je me conforme à un modèle ? » À mon avis, ce n'est pas être sérieux du tout.

S'efforcer de méditer, ce n'est pas être sérieux. S'efforcer d'imiter le modèle de la société, ce n'est pas être sérieux, que le modèle soit Bouddha, ou Çankara. Se conformer tout bonnement, c'est ne jamais être sérieux, c'est pure et simple imitation. Vous pouvez donc être sérieux avec un visage qui sourit, vous pouvez être sérieux quand vous regardez un arbre, quand vous peignez un tableau, quand vous écoutez de la musique. Ce qui fait la qualité du sérieux, c'est de vivre une pensée, une idée, un sentiment jusqu'à son plein achèvement ; d'aller, de suivre jusqu'au bout sans se laisser détourner par rien d'autre. Examinez

chaque pensée jusqu'au bout, quoi qu'il puisse vous arriver, même si vous avez à en mourir de faim pendant que vous le faites, même si vous devez perdre tout ce que vous possédez. Aller au terme de chaque pensée, c'est être sérieux.
Ai-je répondu à votre question, monsieur ?

E. : *Oui, monsieur.*

K. : J'ai bien peur que non. Vous vous êtes dit d'accord très facilement parce que vous n'avez pas véritablement compris ce que j'ai dit. Pourquoi ne m'avez-vous pas interrompu pour dire : « Je ne comprends pas de quoi vous parlez ? » C'est ça qui serait droit, sérieux. S'il y a quelque chose que vous ne comprenez pas, peu importe qui le dit, que ce soit Dieu lui-même, répondez : « Je ne comprends pas de quoi vous parlez, parlez plus clairement », ça, ce serait sérieux. Mais de dire « d'accord » plus ou moins lâchement parce qu'un homme a parlé, cela indique un manque de sérieux. Être sérieux, cela consiste à voir les choses clairement, à découvrir, à ne pas accepter aveuglément.

Plus tard, quand vous vous mariez, et que vous avez des enfants, des responsabilités, alors il y a un autre genre de sérieux. À ce moment-là, vous ne désirez pas briser le modèle, vous avez besoin de vous abriter, de vivre en sécurité, bien enclos, étranger à toute révolution.

E. : *Et pourquoi est-ce qu'on cherche toujours le plaisir et qu'on rejette la souffrance ?*

K. : Vous êtes plutôt sérieux ce matin, n'est-ce pas ?
Pourquoi ? Parce que, selon vous, le plaisir est plus agréable, n'est-il pas vrai ? La tristesse est pénible, ainsi vous voulez l'éviter. L'autre, vous voulez vous y cramponner. C'est un instinct naturel que d'éviter la souffrance, n'est-ce pas ? J'éprouve une douleur, je veux l'éviter, je me propose d'aller en promenade, c'est agréable. Le vrai problème n'est pas le plaisir et la souffrance mais l'action d'éviter l'un et de rechercher l'autre. La vie est faite de plaisirs et de souffrances, n'est-ce pas ?
La vie est à la fois obscurité et lumière.
Un jour comme celui-ci, il y a des nuages et puis le soleil brille. Il y a l'hiver, il y a le printemps, tout cela fait partie de la vie, de l'existence. Mais pourquoi est-ce que nous évitons l'un et que nous nous attachons à l'autre ? Pourquoi se cramponner au plaisir et pourquoi éviter la peine ? Pourquoi ne pas simplement vivre les deux ? Dès l'instant où vous allez vouloir éviter la douleur ou la souffrance, vous allez trouver des moyens de fuir, citer le Bouddha ou la Gita, ou bien aller au cinéma ou bien inventer une croyance. Le problème n'est résolu ni par le plaisir ni par la souffrance. Aussi, ne vous cramponnez pas à l'un, et ne fuyez pas l'autre. Si vous vous cramponnez au plaisir, que se passe-t-il ? Vous êtes attaché, n'est-ce pas ? Ensuite si quelque chose arrive à la personne à laquelle vous vous êtes attaché, ou à vos biens, ou à vos opinions, vous vous sentez perdu et alors vous vous dites que le détachement est nécessaire.

Ne soyez ni attaché ni détaché. Simplement regardez les faits et quand vous comprenez les faits, alors il n'y a plus ni plaisir ni peine, il y a simplement le fait.

De la création des images

KRISHNAMURTI : Quand nous sommes très jeunes, c'est un ravissement d'être vivants, d'entendre chanter les oiseaux le matin, de voir les collines après la pluie, de voir ces rochers étincelants au soleil, les feuilles luisantes, de voir passer les nuages et de se réjouir de la clarté du matin, le cœur comblé et l'intelligence claire. Nous perdons ce sentiment en grandissant avec nos soucis, nos angoisses, nos querelles, nos aversions, et la sempiternelle lutte pour gagner sa vie. Nous passons nos jours à nous combattre les uns les autres, à ne pas trouver ou à trouver les choses à notre goût, en éprouvant, par-ci par-là, un peu de plaisir. Nous n'entendons plus les oiseaux, nous ne voyons plus les arbres comme nous les avions vus jadis, ni la rosée sur l'herbe ni l'oiseau en plein vol, ni le rocher brillant sur le versant d'une colline dans la lumière matinale. Quand nous sommes adultes, nous ne voyons plus tout cela, pourquoi ?

Je ne sais pas si vous vous êtes jamais posé cette question. Il me semble qu'il est nécessaire de se la poser. Si vous ne le faites pas maintenant, vous serez bientôt pris au piège. Vous irez au collège, vous vous marierez, vous aurez des enfants, un mari ou une femme, des responsabilités, vous aurez votre vie à gagner et puis vous vieillirez et vous mourrez. Voilà ce qui se passe pour les gens. Alors nous devons nous demander pourquoi ce sentiment extraordinaire de la beauté s'est perdu.

Pourquoi perdons-nous ce sens de la beauté ? Je crois qu'en premier lieu, nous le perdons parce que nous sommes terriblement centrés sur nous-mêmes — nous avons une image de nous-mêmes.

Savez-vous ce que c'est qu'une image ?

C'est une chose sculptée par la main de l'homme, dans du marbre, dans une pierre, et cette pierre façonnée est placée dans un temple et on vient l'adorer. Pourtant, elle n'est toujours que l'œuvre d'une main d'homme, c'est une image d'origine humaine. Vous aussi, vous avez une image de vous-même. Celle-ci n'a pas été sculptée par une main, elle a été élaborée par votre esprit, par la pensée, par l'expérience, par le savoir, par vos luttes, par tous les conflits et misères de votre vie. Et à mesure que vous vieillissez, cette image devient de plus en plus forte, exigeante. Plus vous écoutez, plus vous agissez, plus votre vie s'enracine dans cette image, moins vous voyez la beauté, moins vous ressentez une joie provenant d'un élément situé au-delà des mesquines incitations de cette image.

La raison pour laquelle vous perdez cette qualité de plénitude est que vous êtes centré sur vous-même. Savez-vous ce que signifie cette phrase : « Être centré sur soi-même ? » Ce qu'elle signifie ? C'est être préoccupé de soi-même, de ses propres talents, de leur valeur ou leur médiocrité, c'est être soucieux de ce que vos voisins pensent de vous, c'est vous soucier de votre situation, vous demander si vous allez devenir un homme important ou, au contraire, si vous allez être rejeté par la société. Vous luttez sans cesse, au bureau, dans votre foyer, dans les champs, où que vous soyez, quoi que vous fassiez, vous êtes toujours en proie au conflit et ne semblez pas pouvoir vous en dégager ; ne pouvant pas vous en sortir, vous vous créez une image, l'image d'un être parfait, d'un paradis, celle de Dieu — qui est encore une autre image fabriquée par votre esprit. Vous avez des images intérieures, plus encore, elles sont profondément enfouies. Elles sont toujours en conflit les unes avec les autres. Ainsi, plus vous serez en conflit — et le conflit existera toujours tant que vous aurez des images, des opinions, des concepts, des idées de vous-même — plus intense sera la lutte intérieure. La question est donc de savoir s'il est possible de vivre dans ce monde sans avoir une image de soi-même. Vous fonctionnez en tant que docteur, que savant, que professeur, que physicien. Mais vous utilisez cette fonction pour créer une image de vous-même et ainsi vous servant d'une fonction, vous créez un conflit né de l'exercice même de cette fonction, de par l'action. Je me demande si vous comprenez. Vous savez, si vous dansez bien ou si vous jouez bien d'un instrument, du violon, d'une *vina*, vous utilisez cet instrument ou cette danse pour composer une image de vous-même, pour sentir que vous êtes remarquable, sentir comme vous jouez bien ou comme vous dansez bien. Vous vous servez de la danse ou de l'instrument dans le but d'enrichir votre propre image. C'est de cette façon que vous vivez, créant, renforçant cette image de vous-même. Et le conflit s'accroît, l'esprit s'émousse, préoccupé de lui-même comme il l'est. Il perd tout sentiment de beauté, de joie, de claire intelligence.

Une des tâches de l'éducation, selon moi, c'est de s'exercer sans favoriser la création d'images. Alors, vous fonctionnez sans une incessante lutte intérieure.

L'éducation est un processus qui n'a pas de fin. Il ne s'agit pas de lire un livre ou de passer un examen et d'en avoir fini avec l'éducation. Toute la vie, dès l'instant de votre naissance jusqu'au jour de votre mort, est un processus d'apprentissage. L'apprentissage n'a pas de terme, et en cela réside son caractère intemporel. Or vous ne pouvez pas apprendre si vous êtes en conflit avec vous-même, avec votre voisin, avec la société. Vous êtes inévitablement en conflit avec la société, avec votre voisin tant que se maintient une image. Mais si vous apprenez à déceler le mécanisme qui compose cette image, alors vous saurez que vous pouvez regarder le ciel, le fleuve, les gouttes de pluie sur une feuille, vous pourrez sentir l'air frais d'un matin, la fraîcheur d'une brise se jouant dans les feuillages. Alors, la vie prend un sens merveilleux. La vie elle-même et non pas le sens que lui donne l'image — parce que la vie a un sens extraordinaire en elle-même.

Réponses sur l'éducation

E. : *Quand on regarde une fleur, quel rapport y a-t-il entre soi-même et la fleur ?*

K. : Vous regardez une fleur et quel rapport y a-t-il entre la fleur et vous-même ? Est-ce que vous regardez la fleur ou est-ce que vous vous figurez la regarder ? Vous saisissez la différence ? Est-ce que vous regardez véritablement la fleur ou bien avez-vous le sentiment que vous devriez la regarder, ou bien, la regardez-vous avec déjà une image, l'image disant que c'est une rose ? Le mot, c'est l'image, le mot, c'est le connu et par conséquent, vous regardez cette fleur à travers le mot, le symbole, le connu, donc vous ne regardez pas vraiment la fleur. Ou bien la regardez-vous en pensant à autre chose ?

Mais quand vous regardez une fleur sans qu'intervienne le mot, l'image, et avec un esprit complètement attentif, quel est alors le rapport entre vous-même et la fleur ? L'avez-vous jamais fait ? Avez-vous jamais regardé une fleur sans dire : « C'est telle fleur » ? Avez-vous jamais regardé une fleur d'une façon complète, avec une attention si totale qu'il n'y entre ni mot, ni symbole, ni appellation de la fleur, c'est-à-dire vraiment avec la plus complète attention ? Tant que vous ne le faites pas, il ne peut y avoir une relation entre vous et la fleur. Pour qu'existe la moindre relation avec une autre personne, ou avec le rocher, ou avec la feuille, il faut regarder et observer avec une attention complète. Alors, votre rapport avec l'objet est d'une qualité entièrement différente. Il n'y a plus d'observateur du tout. Il n'y a que cela. Si vous observez ainsi, il n'y a pas d'opinion, pas de jugement. La chose est ce qu'elle est. Avez-vous compris ? Allez-vous le faire ? Regardez une fleur de cette façon-là. Faites-le, n'en parlez pas, mais faites-le.

E. : *Si vous disposiez de beaucoup de temps, comment est-ce que vous l'utiliseriez, monsieur ?*

K. : Je ferais ce que je fais. Voyez-vous, quand on aime ce qu'on fait, on a tout le loisir dont on a besoin dans sa vie. Vous comprenez ce que je dis ?

Vous m'avez demandé ce que je ferais si j'en avais le loisir et j'ai répondu que je ferais exactement ce que je fais, c'est-à-dire voyager dans différentes parties du monde, parler, voir des gens et ainsi de suite. Je fais cela parce que j'aime le faire et non pas parce que je m'entretiens avec un grand nombre de gens et que j'en retire un sentiment d'importance. On se sent important quand on s'aime soi-même et qu'on n'aime pas ce que l'on fait. Aussi votre intérêt devrait-il se porter non pas sur ce que *moi* je fais, mais sur ce que *vous* allez faire. D'accord ? Je vous ai dit ce que je fais. Maintenant dites-moi ce que vous vous proposez de faire quand vous aurez tout le temps voulu.

E. : *Je crois que je m'ennuierai, monsieur.*

K. : Vous vous ennuieriez ? C'est exact, c'est ce qui arrive à la plupart des gens.

E. : *Comment me débarrasser de cet état d'ennui, monsieur ?*

K. : Attendez, écoutez. La plupart des gens s'ennuient, pourquoi ? Vous demandez comment faire pour se débarrasser de cet état d'ennui ? Essayez de le découvrir par vous-même. Quand vous êtes seul pendant une demi-heure, vous vous ennuyez. Alors, vous prenez un livre, vous bavardez, vous feuilletez une revue, vous allez au cinéma, vous faites quelque chose. Ce faisant, vous vous évadez de vous-même. Vous avez posé une question. Faites bien attention à ce qui suit. Vous vous ennuyez parce que vous vous trouvez seul à seul avec vous-même, et jamais jusqu'à présent vous ne vous êtes trouvé avec vous-même. Vous vous dites : « Ne suis-je que cela ? Je suis si peu de chose, je suis si tourmenté, je veux m'évader de tout cela. » Ce que vous êtes vous ennuie, alors vous vous sauvez. Mais si vous vous dites : « Je ne vais pas m'ennuyer, je vais découvrir pourquoi je suis tel que je suis », alors c'est comme si vous vous regardiez dans un miroir. Là, vous voyez très clairement ce que vous êtes, à quoi ressemble votre visage. Puis vous vous dites que ce visage ne vous plaît pas, que vous voulez être beau ou ressembler à une vedette de cinéma. Mais si vous vous regardez vous-même pour dire : « Oui, voilà ce que je suis... », vous l'acceptez. Quand vous voyez ce que vous êtes, il n'y a pas d'ennui. L'ennui vient seulement quand vous rejetez ce que vous voyez, et ressentez le désir d'être autre chose. De la même façon, si vous pouvez vous regarder intérieurement et voir exactement ce que vous êtes, ce n'est pas une vision ennuyeuse. C'est extraordinairement intéressant, parce que plus vous voyez, plus il y a à voir. Vous pouvez pénétrer de plus en plus profondément, étendre votre vision, il n'y a pas de fin à ce que vous pouvez regarder. Et il n'y a pas là d'ennui. Si vous êtes capable d'agir ainsi, alors ce que vous faites, vous aimez le faire, et quand vous aimez faire quelque chose, le temps n'existe plus pour vous. Quand vous aimez planter des arbres, vous les arrosez, les soignez, les protégez ; quand vous saurez ce que vous aimez véritablement faire, vous verrez que les journées sont trop courtes. Donc, c'est à vous de découvrir par vous-même, à partir de maintenant, ce que vous aimez faire, ce que véritablement vous avez le désir de faire, sans vous contenter de penser à une carrière.

E. : *Mais comment découvrir ce qu'on aime faire, monsieur ?*

K. : Comment découvrir ce que vous aimez faire ? Vous devez comprendre que ce peut être très différent de ce que vous avez l'intention de faire. Vous voulez peut-être devenir avocat parce que votre père est avocat ou parce que vous savez qu'en étant avocat, vous pourrez gagner beaucoup d'argent. Alors, vous n'aimez pas ce que vous faites parce que vous avez un mobile pour faire ce qui peut vous être profitable, ce qui peut vous rendre célèbre. Mais si vous aimez quelque chose, il n'y a pas de mobile. Vous ne vous proposez pas d'utiliser ce que vous faites pour augmenter votre propre importance.

Découvrir ce que l'on aime faire est une chose des plus difficiles, et c'est un des rôles de l'éducation. Pour le découvrir, il vous faut creuser en vous-même très très profondément, et ce n'est pas très facile. Peut-être que vous vous dites : « Je veux être avocat » et vous luttez pour devenir un avocat. Subitement, vous vous apercevez que vous n'avez pas envie de l'être ; vous aimeriez mieux peindre ; mais il est trop tard ; vous êtes déjà marié, vous avez déjà une femme et des enfants. Vous ne pouvez pas renoncer à votre carrière et rejeter vos responsabilités. Vous vous sentez donc frustré, malheureux. Ou bien encore, vous vous dites : « Vraiment, j'aimerais peindre », et vous y consacrez toute votre vie et subitement, vous vous apercevez que vous n'êtes pas un bon peintre et que ce que vous avez vraiment envie de faire, par exemple, c'est d'être pilote.

Une bonne éducation ne consiste pas à vous aider à trouver un métier ; pour l'amour de Dieu, jetez cette notion par la fenêtre. L'éducation ne consiste pas à récolter des connaissances que vous impartira un professeur, ou bien à apprendre les mathématiques dans un livre ou à accumuler des dates historiques.

Elle consiste à vous aider à comprendre vos problèmes au fur et à mesure qu'ils se présentent et ceci exige une intelligence bien faite — une intelligence qui raisonne, qui est aiguë, et ne cultive aucune croyance. Car la croyance, ce n'est pas le fait. L'homme qui croit en Dieu est superstitieux tout comme celui qui ne croit pas en

Dieu est superstitieux. Pour découvrir, il faut que vous vous serviez de votre raison et vous ne pouvez pas raisonner si vous avez déjà une opinion, si vous avez un préjugé, si vous avez déjà abouti à une conclusion. Il vous faut donc un esprit bien fait, clair, aigu, précis, sain — et non pas un esprit crédule, prêt à suivre n'importe quelle autorité. Une éducation juste consiste à vous aider à trouver pour vous-même et par vous-même ce qu'en vérité et de tout votre cœur vous aimez faire. Peu importe si vous avez envie d'être cuisinier ou jardinier, mais si c'est quelque chose où vous êtes prêt à consacrer votre cœur et votre esprit, dès cet instant vous serez véritablement efficace sans pour cela être endurci.

Cette école devrait être un endroit où l'on vous aide à découvrir par vous-même, en discutant, en écoutant et en restant silencieux, à découvrir pour toute votre vie ce que vous aimez vraiment faire.

E. : *Monsieur, comment pouvons-nous nous connaître ?*

K. : Voilà une très bonne question.

Écoutez-moi soigneusement. Comment savez-vous ce que vous êtes ? Comprenez-vous ma question ? Vous vous regardez dans un miroir pour la première fois et après quelques jours, ou quelques semaines, vous vous regardez à nouveau et vous vous dites : « C'est encore moi. » D'accord ? Donc, en regardant dans le miroir, tous les jours, vous commencez à connaître votre visage.

Pouvez-vous, de la même façon, savoir ce que vous êtes en vous observant vous-même ? Pouvez-vous observer vos gestes, votre façon de marcher, de parler, de vous comporter, en voyant si vous êtes dur, brutal, patient. Alors vous commencez à vous connaître vous-même, vous vous connaissez en vous observant dans le miroir de ce que vous faites, de ce que vous pensez, de ce que vous sentez. C'est bien cela le miroir : vous en train de ressentir, d'agir, de penser. Le miroir dit : « Voici le fait », mais vous n'aimez pas le fait. Vous voulez le modifier. Vous vous mettez à le déformer. Vous ne le voyez pas tel qu'il est.

Comme je vous l'ai dit, l'autre jour, vous apprenez quand il y a attention et silence. On apprend, l'état où l'on commence à apprendre, c'est le moment du silence et de la plus complète attention.

À présent, installez-vous très tranquillement ; pas parce que je vous le demande, mais parce que c'est ainsi qu'il est possible d'apprendre. Restez assis tranquilles et que ce calme ne soit pas seulement celui physique de votre corps, mais aussi le calme dans votre esprit. Et dans cette grande tranquillité, soyez attentifs. Attentifs aux bruits du dehors, le chant du coq, les oiseaux, quelqu'un qui tousse, quelqu'un qui sort... Écoutez d'abord ce qui se passe en dehors de vous, ensuite écoutez ce qui se passe dans votre propre esprit. Et vous le constaterez alors, si vous êtes très, très attentifs, dans cette sorte de silence, le son extérieur et le son intérieur sont les mêmes.

Du comportement

KRISHNAMURTI : Une des choses les plus difficiles de la vie est de trouver un comportement qui ne soit pas dicté par les circonstances. Les circonstances, les gens de votre entourage vous dictent ou vous imposent un certain mode de comportement. Votre façon de vous conduire, de manger, de parler, votre moralité, votre état d'esprit, tout cela dépend de l'endroit où vous vous trouvez. Ainsi, votre comportement change et varie sans arrêt. Il en est ainsi quand vous parlez à votre père, à votre mère, à vos domestiques ; votre voix, vos paroles sont entièrement différentes. Les modalités de conduite obéissent aux influences de l'environnement et par l'analyse du comportement, on peut presque prédire à coup sûr ce que les gens vont faire ou ne pas faire.
 Et maintenant, peut-on se demander si l'on est capable du même comportement intérieur quelles que soient les circonstances ? Le comportement peut-il trouver sa source intérieurement et ne pas dépendre de ce que les gens pensent de vous ou de leur façon de vous regarder ? Mais ceci est difficile parce que l'on ne sait pas ce que l'on est à

l'intérieur de soi où a lieu aussi un changement constant. Vous n'êtes pas pareil à ce que vous étiez hier. Dès lors, peut-on trouver pour soi-même une manière d'agir qui ne soit pas dictée par autrui ou par la société, ou par des circonstances, ou par des sanctions religieuses, un comportement qui ne dépende pas de l'environnement ? Il me semble que l'on peut découvrir cela si l'on sait ce qu'est l'amour.

Le savez-vous ? Savez-vous ce que c'est que d'aimer les gens ? De s'occuper d'un arbre, de brosser un chien, de le peigner, de le nourrir ? Cela veut dire que vous éprouvez de la sollicitude pour l'arbre ou une grande affection pour le chien ; je ne sais pas si vous avez jamais remarqué un arbre dans une rue, dont personne n'a le moindre souci ; de temps en temps, les gens le regardent puis passent sans plus. Cet arbre-là est bien différent de celui qui est soigné dans un jardin, un arbre sous lequel vous vous asseyez, que vous regardez, dont vous remarquez les feuilles, aux branches duquel vous grimpez. Un tel arbre grandit avec force. Quand vous soignez un arbre, quand vous l'arrosez, quand vous le fumez, quand vous le taillez, il vit d'une sensibilité entièrement différente de celle de l'arbre qui pousse au bord de la route.

Le sentiment de sollicitude est le commencement de l'affection. Voyez-vous, plus on s'occupe des choses, plus on connaît de sensibilité. Il faut donc qu'il y ait affection, un sentiment de tendresse, de bienveillance, de générosité. Si une telle affection existe, alors le comportement sera dicté par cette affection et ne dépendra pas de l'environnement, des circonstances ou des gens.

Or, de trouver cette affection est une des choses les plus difficiles — être véritablement affectueux, que les gens se montrent bons ou pas, qu'ils vous parlent rudement ou que vous les irritiez. Je crois que les enfants ont cette affection. Tout le monde l'a dans sa jeunesse. On a un sentiment très amical pour les autres, on aime caresser un chien, on a la curiosité éveillée, puis on a aussi le sourire facile. Mais à mesure que l'on vieillit, tout cela disparaît. Ainsi, garder le sens de l'affection tout au long de sa vie est des plus rares, et sans elle, pourtant, la vie devient très vide.

Vous pouvez avoir des enfants, une belle voiture, et tout ce qui s'ensuit, mais si vous n'avez en vous l'affection, la vie est comme une fleur dénuée de parfum. Mais cela fait partie de l'éducation, n'est-ce pas, d'atteindre à cette qualité d'affection, qui est source de joie et d'où seule peut naître l'amour.

Pour la plupart d'entre nous, l'amour est possessivité. Là où il y a jalousie, envie, naissent la cruauté et la haine. L'amour ne peut exister et s'épanouir que là où il n'y a ni haine, ni envie, ni ambition. Privée d'amour, la vie est comme une terre stérile, aride, dure. Mais dès l'instant où il y a affection, c'est comme la terre que l'eau fait fleurir — la pluie, la beauté... Tout cela, il faut l'apprendre quand on est jeune et non pas quand on est vieux, parce que, alors, il est trop tard. Alors vous êtes prisonnier de la société, de l'environnement, du mari, de la femme, du bureau. Découvrez par vous-même si vous êtes capable de vous comporter avec affection. Pouvez-vous arriver à vos cours bien à l'heure parce que vous n'avez pas envie de faire attendre les autres ? Pouvez-vous arriver à l'heure pour les repas, encore parce que vous n'avez pas envie de faire attendre les autres ? Pouvez-vous cesser de criailler quand vous êtes ensemble parce qu'il y a d'autres gens qui vous observent, qui sont avec vous ?

Quand le comportement, la politesse, la sollicitude ne sont que superficiels et ne sont pas inspirés par l'affection, cela n'a aucune portée. Mais s'il y a affection, bienveillance, alors de là peuvent naître la politesse et le souci des autres ; ce qui veut dire en réalité que l'on pense de moins en moins à soi et c'est une des choses les plus difficiles dans la vie. Quand on n'est plus soucieux de soi-même, on est vraiment un être humain libre. On est alors capable de regarder le ciel, les montagnes, les collines, les cours d'eau, les oiseaux, les fleurs, avec une fraîcheur d'esprit, un très grand sens d'affection. Vous êtes d'accord ?

Eh bien maintenant, posez vos questions.

E. : *Mais s'il y a de la jalousie dans l'amour, est-ce qu'il n'y a pas aussi du sacrifice dans l'amour ?*

K. : N'y a-t-il pas aussi du sacrifice dans l'amour ? L'amour ne peut jamais sacrifier. Qu'entendez-vous quand vous vous servez de ce mot « sacrifice » ? Renoncer à quelque chose ? Faire des choses que vous n'avez pas envie de faire ? C'est ce que vous voulez dire ? Je me sacrifie pour mon pays, parce que j'aime mon pays. Je me sacrifie parce que j'aime mes parents. C'est bien ce que vous voulez dire ? Mais, dites-moi, est-ce là de l'amour ? L'amour peut-il exister quand vous devez vous forcer à faire quelque chose pour les autres ? Je me demande si vous comprenez la portée de ce mot « sacrifice ». Pourquoi vous servez-vous de ce mot ? Voyez-vous, les mots « devoir », « responsabilité », « sacrifice », sont des mots affreux. Quand vous aimez quelqu'un, il n'y a pas de responsabilité, pas de devoir, pas de sacrifice. Vous faites les choses parce que vous aimez. Et vous ne pouvez aimer tant que vous pensez à vous-même. Quand vous pensez à vous-même, c'est vous qui venez en premier, l'autre passe après. Alors, pour l'aimer, vous vous sacrifiez. Mais ce n'est pas de l'amour, c'est du marchandage. Vous comprenez ?

E. : *Apprendre et aimer sont deux choses séparées ou bien y a-t-il un rapport entre les deux, monsieur ?*

K. : Savez-vous ce que veut dire « aimer » et savez-vous ce que veut dire « apprendre » ?

E. : *Je sais ce que c'est que d'apprendre.*

K. : Je me le demande. Je ne dis pas que vous ne le savez pas. Simplement, je pose la question. Vous savez ce que cela veut dire que d'acquérir des connaissances. Vous entendez votre professeur vous exposer certains faits et vous enregistrez ce que vous avez entendu dans votre cerveau, dans votre esprit. Ce processus d'accumulation, c'est ce que nous nommons « apprendre ». N'est-il pas vrai ?

E. : *Oui, dans un certain sens.*

K. : Dans un certain sens ? Mais quel est l'autre sens ? Vous passez par une expérience, vous grimpez dans les collines, vous glissez et vous vous faites mal, et de là vous avez appris quelque chose. Vous rencontrez un ami et il vous blesse ; vous avez appris quelque chose. Vous lisez un journal, vous apprenez quelque chose. Donc, apprendre consiste pour vous, en général, en une addition croissante d'éléments d'information. Mais est-ce vraiment apprendre ? Il y a une autre manière d'apprendre — autrement dit : apprendre à mesure que vous avancez, sans jamais accumuler, et partant de ce mouvement, agir et penser. Comprenez-vous ce que c'est que d'apprendre en agissant ? Il n'est plus question d'avoir appris pour agir après. Ce sont deux états différents, n'est-ce pas ? Il y a un état où j'ai appris quelque chose et à partir de ce que j'ai appris, j'agis. Il y a un état où j'apprends en agissant. Les deux sont tout à fait différents. Quand j'ai appris et que j'agis ensuite, c'est un processus mécanique, tandis que si l'on apprend en agissant, ce n'est pas mécanique. C'est toujours nouveau, plein de fraîcheur.

Par conséquent, apprendre en agissant n'est jamais ennuyeux, ce n'est jamais fatigant. Tandis qu'agir après avoir appris devient une chose mécanique. C'est pour cela que vous finissez par vous ennuyer avec votre façon d'apprendre. Vous comprenez ? Donc, maintenant, nous savons ce que veut dire apprendre. Apprendre, c'est agir, de sorte que c'est dans l'action même qu'on apprend. Maintenant, aimer, qu'est-ce que c'est ?

L'amour est un sentiment où il y a douceur, calme, tendresse, sollicitude, et où il y a beauté. Dans l'amour, il n'y a pas d'ambition et pas de jalousie. Or, vous avez demandé si apprendre et aimer ne sont pas similaires. C'est bien cette question-là que vous m'avez posée, n'est-ce pas ?

E. : *Y a-t-il un rapport entre les deux ?*

K. : Qu'en dites-vous ? Vous avez compris ce que nous entendons par amour, ce que nous entendons par le mot « apprendre ». Y a-t-il une relation entre les deux ?

E. : *Dans un sens.*

K. : Dites-moi dans quel sens. Puis-je vous aider ?

Il y a un rapport parce que les deux exigent une activité qui est non mécanique. Vous comprenez ? J'apprends au fur et à mesure et ce n'est pas un processus mécanique. Mais, dans un amour qui devient mécanique, on n'apprend pas. Un amour où il y a ambition, conflit, avidité, envie, jalousie, colère, n'est pas de l'amour. Mais quand il n'y a ni ambition ni jalousie, alors il y a un principe très actif. Il y a un renouveau perpétuel, une perpétuelle fraîcheur. À la fois quand on apprend et quand on aime, il y a un mouvement de fraîcheur, de spontanéité, qui ne dépend pas des circonstances. C'est un mouvement libre. Il y a donc un rapport très ténu, très délicat entre les deux. Mais il faut beaucoup d'affection pour apprendre et pour aimer et il existe une grande ressemblance entre les deux quand s'exerce une vraie attention — celle qui ne se contente pas d'une conclusion. Donc, si vous êtes attentif, très attentif à ce que vous pensez, c'est la source de l'affection, la source d'où vous apprenez sans cesse.

E. : *Quand pouvons-nous vivre notre vie, monsieur ?*

K. : Savez-vous tout d'abord, ce qu'est votre vie si vous voulez la vivre ? Je n'essaie pas de dire quelque chose de drôle, simplement je demande. Pour vivre votre vie, vous devez savoir ce qu'elle est, et pour le découvrir, il vous faut observer. Votre vie n'est pas ce que vous disent votre père ou votre mère, votre professeur ou votre voisin, votre religion, ou votre politicien. Ne dites pas « Non ». Comme elle est, votre vie est faite d'influences — politiques, religieuses, sociales, économiques, climatiques — et toutes ces influences convergent en vous et vous dictent : « Telle est ma vie, il faut que je la vive. » Vous ne pouvez vivre votre vie que si vous avez compris toutes ces influences et si, en les comprenant, vous commencez à découvrir votre propre façon de penser et de vivre. Vous n'aurez pas besoin de demander : « Comment puis-je vivre ma vie ? », vous la vivrez. Mais tout d'abord, mettez-vous à comprendre cet ensemble d'influences, l'influence de la société, les discours politiques, les politiciens, les livres que vous lisez, le climat, l'alimentation. Tout a sur vous une influence constante. Vous devez vous demander s'il n'est aucunement possible d'être libéré de toutes ces influences — c'est une enquête des plus exigeantes. Puis l'ayant faite, ayant examiné, il s'agit de comprendre et de trouver un mode de vie qui ne soit ni le vôtre ni celui d'aucune autre personne. C'est le courant même de la vie ; alors vous vivez.

Et maintenant, de tout ce qui précède, qu'est-ce qui est important ? La première chose, c'est de ne pas mener une vie mécanique. Vous comprenez ce que j'entends par une vie mécanique ? C'est quand vous faites quelque chose parce que quelqu'un vous a dit de le faire ou parce que vous avez l'impression que c'est une chose à faire. Et ainsi, vous répétez, répétez sans cesse et petit à petit, votre cerveau, votre esprit, votre corps même, deviennent mornes, alourdis, sots. Ainsi, ne vivez pas une vie routinière. Vous êtes peut-être obligé d'aller à un bureau. Vous êtes peut-être obligé de passer un examen ou d'étudier. Mais faites tout cela avec fraîcheur, avec vitalité ; et vous ne pouvez le faire avec fraîcheur et avec vigueur que si vous apprenez vraiment et vous ne pouvez pas apprendre si vous n'êtes pas attentif. La seconde chose c'est la douceur, c'est être bienveillant, ne jamais blesser les gens. Il vous faut les observer, les regarder, les aider, être généreux, être bon. Il faut qu'existe l'amour, autrement votre vie est vide. Vous comprenez ? Vous avez peut-être tout ce dont vous avez envie : un mari, une femme, des enfants, une automobile ; mais la vie sera comme un désert, vide. Vous pouvez être très intelligent, avoir une très belle situation, être un grand avocat, un ingénieur, un administrateur hors pair, mais sans amour, vous êtes un être humain mort. Donc, ne faites jamais quelque chose mécaniquement. Découvrez ce que cela signifie d'aimer les gens, d'aimer les chiens, d'aimer le ciel, les collines bleues, et le fleuve. D'aimer, et de ressentir.

Et puis, il vous faut savoir aussi ce qu'est la méditation, en quoi consiste un esprit très calme, un esprit très tranquille et non pas un esprit qui jacasse. Seul celui-là peut connaître la nature d'un esprit réellement religieux. Et faute d'avoir cet esprit religieux, ce sentiment, la vie est comme une fleur sans parfum, ou le lit d'une rivière qui n'a jamais senti les eaux frémissantes qui le recouvrent, ou comme une terre qui n'a jamais vu croître un arbre, un buisson, une fleur.

Deuxième partie

Aux enseignants

Une éducation adéquate

KRISHNAMURTI : Notre intention, dans des endroits comme Rishi Valley dans le Sud, et Rajghat dans le Nord, c'est de créer un environnement, un climat propice à l'apparition, si possible, d'un être humain nouveau. Connaissez-vous l'histoire de ces écoles ? Elles fonctionnent depuis trente ans et plus. Leur but, leur raison d'être, est d'équiper l'enfant d'une formation technique excellente, lui permettant d'agir avec netteté et efficacité dans le monde moderne et, bien plus important encore, de créer autour de lui le climat juste, lui permettant de se développer intégralement, comme un être humain complet.

C'est dire qu'il faut lui offrir la chance de s'épanouir dans le bien, de façon qu'il s'établisse une harmonie dans sa relation avec les gens, les choses et les idées, avec la totalité de la vie. Vivre, c'est être en relation. Il n'y a de relation juste avec rien, s'il n'existe pas un sentiment de la beauté, une réponse de la sensibilité à la nature, à la musique, à l'art, un sens esthétique hautement développé.

Il me semble assez évident que l'éducation

fondée sur la compétitivité et l'orientation ainsi donnée au dévelopement de l'étudiant sont très destructeurs. Je ne sais pas jusqu'à quel point on a saisi profondément la portée de cette vérité, mais si c'est le cas, quelle est maintenant l'éducation juste ?

Je crois qu'il est très clair que le modèle que nous suivons actuellement et auquel nous donnons le nom d'éducation, c'est-à-dire un conformisme à la société, est terriblement destructif. Par ses activités basées sur l'ambition, il est frustrant à l'extrême.

Ce que nous avons considéré jusqu'ici, et en Occident et en Orient, comme un développement au sein de ce processus, c'est la culture.

Or, telle qu'elle est, la culture est en fait une invitation inévitable à la souffrance. Percevoir cette vérité-là est essentiel. Si la chose est très claire, et si l'on y a renoncé de soi-même et non par réaction — mais juste comme la chute d'une feuille quand elle quitte l'arbre et l'abandonne simplement — alors en quoi consiste l'épanouissement, que signifie une éducation juste ? Éduquez-vous votre élève pour qu'il se conforme, s'adapte, s'insère dans ce système ? Ou bien préparez-vous à comprendre, à voir très clairement toute la portée de ces choses, et dans le même temps vous l'aidez à lire et à écrire ? Si vous lui enseignez le cadre du système actuel de frustration, l'épanouissement de l'esprit ne peut se faire. La question se pose alors : si l'on renonce à utiliser la compétitivité comme méthode éducative, un esprit peut-il vraiment être éduqué, suivant l'acception habituelle de ce terme ? Ou bien l'éducation consisterait-elle en réalité à nous

Réponses sur l'éducation

écarter et à écarter l'étudiant de cette structure sociale faite de frustration et de désir, tout en lui donnant la formation et les connaissances en ce qui concerne les mathématiques, la physique, etc. ?

Après tout, si l'enseignant comme l'élève sont dépouillés de toute cette monstrueuse confusion, à quoi s'adresse encore l'éducation ? Tout ce que vous pouvez enseigner à l'élève, c'est comment lire, écrire, calculer, dessiner, mémoriser, et communiquer à d'autres des faits, et les opinions élaborées sur ces faits.

Quelle est donc la fonction de l'éducation, et existe-t-il pour elle une méthode particulière ? Allez-vous enseigner une technique à l'étudiant, qui va lui permettre de devenir efficace et de trouver dans cette efficacité même un aliment au sentiment d'ambition ? Quand vous lui enseignez une technique dans le but qu'il soit à même de trouver une situation, vous lui imposez également tout ce que celle-ci implique, son fardeau de succès et de frustration. Il désire réussir dans la vie, et il désire en même temps être un homme de paix. Toute sa vie est contradiction. Et plus grande la contradiction, plus grande la tension intérieure.

C'est un fait, quand s'exerce une suppression opérée dans la contradiction vécue, il s'ensuit une plus grande activité extérieure. Vous procurez à l'étudiant une technique et en même temps, vous provoquez en lui ce furieux manque d'équilibre, cette contradiction poussée à l'extrême qui conduit à la frustration et au désespoir. Plus il accroît ses capacités techniques, plus grandit son ambition, et plus sa frustration. Vous êtes en train de lui enseigner la maîtrise d'une technique d'une manière qui va le conduire à son propre désespoir. Donc, la question se pose : pouvez-vous l'aider à ne pas se laisser dériver dans l'état de contradiction ? Il y sera forcément entraîné si vous ne l'aidez pas à aimer ce qu'il fait.

Voyez-vous si l'étudiant aime vraiment, mettons la géométrie, qu'il aime comme un but en soi, il est tellement absorbé qu'il ne se soucie pas d'ambition. Véritablement, il aime la géométrie et c'est pour lui une joie profonde. Ainsi, il s'épanouit. Alors, comment allez-vous l'aider à aimer de cette façon-là une chose qu'il n'a pas encore découverte par lui-même ?

Si l'on vous demande, en tant qu'enseignant, quelle est l'intention réelle de cette école, pourriez-vous répondre ? Je voudrais savoir ce que vous vous efforcez tous de faire ici et qu'entendez-vous achever en la personne de l'étudiant ? Cherchez-vous à le mettre dans un moule, à le conditionner, à le contraindre selon certaines orientations ? Cherchez-vous à lui enseigner les mathématiques, la physique, à lui procurer des éléments de science lui permettant d'être efficace techniquement et de réussir dans une carrière ? Il y a dans le monde entier des milliers d'écoles qui ne font pas autre chose — elles cherchent à produire des étudiants techniquement excellents, pouvant devenir savants, ingénieurs, physiciens, et ainsi de suite. Mais ici, cherchez-vous à faire quelque chose de beaucoup plus ? Et si c'est « beaucoup plus », qu'est-ce que c'est ?

Il nous faut être très clairs en nous-mêmes sur ce que nous voulons, voir clairement ce qu'on doit entendre par un être humain, un être humain intégral et non pas seulement un technicien. Si nous sommes axés sur les examens, l'information technique, et surtout attachés à rendre un enfant habile et doué pour acquérir de plus en plus de savoir, tandis que nous négligeons l'autre aspect, cet enfant deviendra un être humainement incomplet. Quand nous parlons d'être humain intégral, nous voulons dire non seulement l'humain doué d'une perception intérieure — ayant une capacité d'explorer, d'examiner sa vie intérieure, son état intérieur, et la faculté d'aller encore au-delà — mais aussi quelqu'un qui fait bien ce qu'il fait extérieurement. Les deux doivent aller de pair. Voilà l'objet réel de l'éducation — de veiller à ce que, quand l'enfant quitte l'école, il soit, dans sa vie intérieure et extérieure, réellement établi dans le bien.

Il faut qu'il y ait un point de départ à partir duquel nous puissions fonctionner, de façon à cultiver non seulement l'aspect technique mais encore à développer les couches profondes, les champs profonds de l'esprit humain. Je vais exprimer la même chose autrement. Si vous vous concentrez et faites des efforts pour que votre étudiant excelle en technologie, tout en négligeant l'autre aspect, comme nous le faisons d'habitude, que se passe-t-il dans son être ?

Si vous vous appliquez à faire de lui un danseur ou un mathématicien accompli, que se passe-t-il ? Il n'est pas simplement cela, il est quelque chose de plus. Il est jaloux, furieux, frustré, désespéré, ambitieux. Ainsi, vous allez contribuer à créer une société où régnera toujours le désordre, parce que vous mettez l'accent sur la technique et l'efficacité dans un champ, et que vous négligez l'autre champ. Si parfait qu'un homme puisse être sur le plan technique, il est toujours en contradiction dans ses relations sociales. Il est toujours en lutte avec son prochain.

Ainsi, la technique ne peut pas produire une société parfaite, ni même bonne. Elle peut produire une grande société où il n'y a pas de pauvreté, où il y a une égalité matérielle, et ainsi de suite. Mais une grande société n'est pas nécessairement une société bonne. Une société bonne comporte un ordre. L'ordre ne veut pas dire que les trains arrivent à l'heure, que les lettres sont distribuées en temps voulu, cela veut dire autre chose. Pour un être humain, l'ordre signifie un ordre intérieur à lui-même et cet ordre-là, inévitablement, donnera naissance à une société bien faite. Et maintenant, à partir de quel centre, quel centre sera notre point de départ ?

Avez-vous compris ma question ? Si je néglige le monde intérieur et si je mets l'accent sur la technique, tout ce que je pourrai faire sera déséquilibré. Il faut donc que je trouve un moyen, que je mette en action un mouvement qui comprenne les deux aspects. Jusqu'à présent, nous les avons séparés et les ayant séparés, nous avons mis l'accent sur l'un pour négliger l'autre. Ce que nous cherchons à faire maintenant, c'est de les unir. S'il y a une éducation appropriée, l'étudiant ne les traitera pas comme deux domaines séparés. Il pourra se mouvoir dans les deux et cela selon un seul et unique mouvement. D'accord ? En devenant techniquement parfait, il deviendra aussi en lui-même un être humain valable. Ceci a-t-il un sens quelconque pour vous ou non ?

Un fleuve n'est pas toujours pareil à lui-même. Ses rives varient et l'eau qu'il charrie peut être utilisée industriellement ou dans des buts divers, mais c'est toujours de l'eau. Pourquoi avons-nous séparé le monde technique de l'autre ? Nous avons dit : « Si nous pouvions établir un monde technique parfait, nous aurions de la nourriture, des vêtements, des habitations pour tout le monde. Par conséquent, préoccupons-nous du monde technique. » Il y a aussi des gens qui ne se préoccupent que du monde intérieur. Ils mettent l'accent sur le monde soi-disant intérieur et deviennent de plus en plus isolés, de plus en plus centrés sur eux-mêmes, de plus en plus vagues, se lançant à la poursuite de leurs propres croyances, de leurs dogmes, de leur vision. Cette profonde division existe et nous maintenons qu'il faut, d'une façon ou d'une autre, opérer l'union de ces deux parts. Ayant donc divisé la vie en extérieure et intérieure, nous nous efforçons maintenant de les intégrer. Mais je pense que cette voie-là conduit à accentuer le conflit. Tandis que si nous pouvions trouver un centre, un mouvement, une approche qui n'entamerait pas de division, nous pourrions fonctionner également dans les deux.

Quel est le mouvement de suprême intelligence ? Je me sers de ce mot « intelligent », et non de ceux d'habileté ou d'intuition, et non pour indiquer ce qui dérive du savoir, des informations, de l'expérience. Quel est le mouvement capable de comprendre toutes ces divisions, tous ces conflits, tandis que dans cette compréhension même naît le mouvement de l'intelligence véritable ?

Nous voyons dans le monde deux mouvements qui se poursuivent : le mouvement profondément religieux que l'homme a toujours recherché et qui est devenu catholicisme, protestantisme, hindouisme, et puis ce mouvement laïc de la technologie, le domaine des ordinateurs, de l'automation, qui procure aux gens un loisir plus étendu. Le mouvement religieux est très faible et peu de gens le poursuivent réellement. Le mouvement technique s'est renforcé de plus en plus au point que l'homme s'y perd, devenant de plus en plus proche de la mécanique. Alors il cherche à s'en évader, s'efforce de découvrir quelque chose de neuf par la musique, la peinture, l'art, le théâtre. Les gens religieux, s'il en est, disent : « Ce n'est pas la bonne voie », et ils se retirent dans un monde à eux. Ils n'aperçoivent pas l'insuffisance, l'immaturité, l'exemple du même mécanisme dans les deux voies. Quant à nous, à présent, sommes-nous capables de voir que les deux sont insuffisantes ? Si nous le sommes, nous commençons à percevoir un mouvement non mécanique qui va les recouvrir toutes les deux.

Si je devais élever un enfant, je l'aiderais à voir l'aspect insuffisant et mécanique des deux processus. Par l'examen même de cette insuffisance et à mesure qu'il en constaterait le mécanisme en lui, naîtrait l'intelligence qui se dégage de l'observation.

Messieurs, regardez ces fleurs, leur éclat, leur beauté. Comment l'enseignant que je suis peut-il aider l'étudiant à regarder ces fleurs et à exceller également dans le monde des mathématiques ? Si je m'intéresse uniquement aux fleurs et que je sois nul en mathématiques, il y a quelque chose en moi qui cloche ; si je m'intéresse exclusivement aux mathématiques, là encore, je suis sujet à un déséquilibre.

Vous ne pouvez pas cultiver le savoir technique, y exceller en premier, et puis dire après qu'il faut aussi étudier l'autre part des choses. D'avoir consacré pendant des années votre cœur à l'acquisition d'un domaine de connaissances fait que vous avez déjà détruit quelque chose en vous — le don, la faculté de regarder. En vous attachant démesurément à l'un des deux aspects, vous devenez insensible, et l'essence de l'intelligence, c'est la sensibilité.

Aussi, la qualité dont nous voulons imprégner l'enfant, c'est la forme suprême de la sensibilité. La sensibilité est intelligence ; elle ne s'obtient pas par la lecture d'innombrables livres. Si vous passez quarante ans à apprendre des mathématiques, mais que vous êtes incapable de savoir regardez ces fleurs, ce ciel bleu, vous êtes mort d'avance. Si vous avez cette sensibilité, qui est la qualité suprême de l'intelligence, votre regard peut se porter également sur les fleurs et les mathématiques. Si le mouvement de cette intelligence existe, il comprendra les deux champs. Dès lors, comment allons-nous créer, favoriser ce mouvement de la sensibilité dans l'enfant ?

L'étudiant doit être libre. Autrement, il ne peut pas être hautement sensible. S'il n'éprouve pas de liberté dans ses études, s'il n'éprouve pas de joie dans ses mathématiques, s'il n'y consacre pas son cœur — et c'est là la liberté — il ne peut pas les étudier d'une façon adéquate. Pour regarder ces fleurs, pour être conscient de cette beauté, il lui faut être libre. La liberté vient en premier lieu. La liberté implique l'ordre. La liberté n'implique pas qu'on lui permette de faire tout ce qui lui plaît, d'arriver à table et aux cours quand il lui plaît.

Quand on examine, quand on travaille, quand on est en train d'apprendre, on comprend que la forme la plus élevée de la sensibilité, c'est l'intelligence. Cette sensibilité, cette intelligence ne peuvent prendre naissance que dans la liberté, mais transmettre cela à un enfant exige beaucoup d'intelligence de notre part. Je voudrais l'aider à être libre et néanmoins, le voir vivre dans l'ordre, la discipline, mais sans conformisme. Pour examiner quoi que ce soit, il faut non seulement la liberté mais encore la discipline. Cette discipline n'est pas une chose imposée de l'extérieur à l'enfant à laquelle il s'efforce de se conformer. Dans l'observation même de ces deux processus — le technique et le religieux — il y a un état d'attention et, par conséquent, de discipline. Ainsi l'on en vient à se demander : « Comment pouvons-nous aider ce garçon ou cette fille à être complètement libre et néanmoins intensément discipliné, non pas par crainte ni conformisme, non pas partiellement libre mais complètement libre et au plus haut point discipliné en même temps ? » Ce n'est pas l'un d'abord et l'autre ensuite. Les deux attitudes vont de pair.

Donc, comment allons-nous y parvenir ? Voyons-nous clairement que la liberté est une chose absolument essentielle mais qu'elle ne consiste pas à vivre à sa fantaisie ? On ne peut pas vivre à sa fantaisie parce que notre vie est en relation avec celle d'autrui.

Il faut voir la nécessité, toute l'importance d'être complètement libre et néanmoins complètement discipliné et cela sans conformisme aucun. Il faut constater que nos croyances, nos idées, nos idéologies sont toutes de seconde main. Tout cela, il vous faut le voir, et voir la nécessité d'être soi-même complètement libre. Autrement on ne peut pas fonctionner en tant qu'être humain.

Et maintenant, je me demande si c'est pour vous une simple vue de l'esprit, ou bien si c'est un fait aussi indiscutable que cet encrier ? Comment vous proposez-vous, étant une communauté de professeurs, ayant vu l'importance pour l'enfant du fait d'être complètement libre, et vous rendant compte aussi de la nécessité de l'ordre et de la discipline, comment vous proposez-vous de l'aider à s'épanouir à la fois dans la liberté et dans l'ordre ? Ce n'est pas en criant que vous y arriverez, ni en le battant, ni en le comparant à un autre. Toute forme de contrainte, de brutalité, tout système où l'on donne des bons points ou pas de points, rien du tout dans ce genre n'aboutira.

Si vous voyez par vous-même l'importance de ce que l'enfant soit libre et en même temps ordonné, si vous voyez en même temps que ni les corrections ni les caresses ne vont aboutir à quoi que ce soit, êtes-vous capable de laisser tomber toutes ces choses de vous-même, et sans réserves ?

L'ancienne méthode n'a pas produit la liberté. Elle a contraint l'homme à s'ajuster, mais si vous voyez que la liberté est absolument nécessaire, et qu'aussi bien l'ordre est essentiel, ces méthodes qui ont été les nôtres depuis des siècles doivent disparaître.

La difficulté, c'est que vous avez été tellement habitués aux anciennes méthodes, puis, brusquement, vous en êtes privés. Vous vous trouvez donc devant un problème qu'il faut envisager d'une façon totalement nouvelle. C'est votre problème et votre responsabilité. Vous êtes confrontés à cette question. Vous ne pouvez absolument pas avoir recours aux anciennes méthodes parce que vous avez vu que l'enfant doit être totalement libre et que, malgré cela, il faut qu'il y ait de l'ordre. Donc, qu'est-ce qui vous est arrivé, à vous, qui, jusqu'à présent, avez accepté d'exercer au moyen d'une formule périmée ? Vous avez rejeté la formule et vous considérez le problème d'une façon nouvelle, n'est-ce pas ? Vous le regardez avec la fraîcheur d'un esprit qui est libre.

Pr. : *Mais pour voir, faut-il être toujours dans l'état dont vous parlez ?*

K. : Si vous ne voyez pas la chose de cette façon, en ce moment même, mais que vous exigez de toujours la voir, c'est une sottise. Voir une chose une fois est comme une plante que l'on met en terre ; elle s'épanouira. Mais si vous prétendez voir cette vérité toujours, vous êtes repris dans la formule ancienne.

Regardez ce qui s'est passé : les vieux modèles de pensée, en ce qui concerne l'enseignement, la

Réponses sur l'éducation

liberté et l'ordre, vous ont été retirés. Par conséquent, vous regardez tous les problèmes différemment. La différence, c'est que votre esprit est maintenant libre de regarder, libre d'examiner cette question de la liberté et de l'ordre.

Maintenant, comment allez-vous transmettre, faire comprendre à l'enfant que vous n'allez ni le punir ni le récompenser ? Et que pourtant, il doit connaître une liberté totale et un ordre total ?

PR. : *Je crois que le professeur se trouve devant le même problème que l'enfant. Il doit agir dans un champ où il a le sentiment que la liberté et la discipline vont de pair. Dans sa façon actuelle de penser, il sépare l'ordre et la liberté. Il dit que la liberté est contre l'ordre et que l'ordre est contre la liberté.*

K. : Je crois qu'il y a quelque chose que nous n'avons pas vu. Si vous constatez une fois que les anciennes méthodes de châtiment et de récompense sont lettre morte, votre esprit devient beaucoup plus actif. Parce qu'il vous fait résoudre ce problème, votre esprit est vivant, et s'il est vivant, un contact va s'établir entre lui et le sujet en question.

Parce que vous êtes libre et que vous comprenez la liberté, vous serez ponctuel, et c'est à partir de la liberté que vous parlerez à l'étudiant et non à partir d'une idée. Parler à partir d'une formule, d'un concept, est une chose, mais parler à partir d'un fait réel que vous avez constaté — à savoir que l'étudiant doit être à la fois libre et par conséquent ordonné — c'est absolument différent. Quand vous, l'enseignant, êtes libre et ordonné, vous communiquez déjà votre point de vue, pas seulement verbalement mais aussi non verbalement, et l'étudiant s'en rend compte tout de suite.

Une fois vu ce fait, que le châtiment et la récompense sous toute forme sont des choses destructrices, jamais plus vous n'y aurez recours. En les rejetant, vous-même êtes discipliné, et cette discipline est issue de votre liberté d'examen. C'est ce fait-là et non une quelconque idée que vous communiquez à l'enfant. Vous aurez alors communiqué avec lui non seulement sur le plan verbal mais à un niveau entièrement différent.

La vision étendue

KRISHNAMURTI : Nous savons, la plupart d'entre nous, ce qui se passe dans le monde — les menaces de guerre, la bombe atomique, toutes les tensions et les conflits qui ont entraîné de nouvelles crises. Il me semble qu'un genre d'esprit totalement différent est nécessaire pour affronter les défis de notre monde. Un esprit qui ne soit pas spécialisé, qui ne soit pas entraîné uniquement à la technique, qui ne se cantonne pas dans la recherche de la prospérité, mais qui soit capable de répondre à ces défis de façon adéquate, complète. Il me semble que c'est là la fonction de l'éducation et celle d'une école. Partout — en Europe, en Russie, en Amérique, au Japon et ici — on produit des techniciens, des savants, des éducateurs, mais ces spécialistes sont incapables de faire face au défi que pose l'immense complexité de la vie. Ils sont dépassés et néanmoins ce sont eux, politiciens ou savants, qui dirigent le monde. Ce sont des spécialistes chacun dans son champ et, en tant que dirigeants, leur activité s'est très évidemment soldée et se solde encore par un échec. Ils ne font que réagir aux phénomènes à court terme. Voyez-vous, toujours nous pensons en fonction de l'immédiat, des événements immédiats. Ce qui nous intéresse, ce sont les réactions immédiates d'un pays qui est dans la misère, comme l'Inde, ou encore les réactions immédiates associées à l'énorme prospérité de l'Occident. Chacun raisonne dans l'idée de faire quelque chose tout de suite. Il me paraît clair que l'on devrait avoir une vision étendue au problème tout entier et je ne crois pas qu'un spécialiste puisse le faire parce que les spécialistes ont toujours tendance à penser en fonction de la proximité d'action. Bien qu'une action immédiate soit nécessaire, j'estime que le rôle de l'éducation est de créer une intelligence qui puisse agir non seulement dans l'immédiat mais aller au-delà.

À travers le monde, les gouvernements autoritaires, les prêtres, les professeurs, les psychanalystes, les psychologues, tout le monde se préoccupe de maîtriser, ou de mouler, ou d'orienter l'esprit et, en conséquence, il reste peu de place à la liberté. La véritable question est de découvrir comment vivre dans un monde où l'autorité est si coercitive, si brutale et tyrannique, tant dans les rapports proches que dans les rapports sociaux. Comment vivre dans ce monde avec l'extraordinaire faculté de répondre à ses exigences et d'être à la fois libre ? J'ai le sentiment qu'une éducation juste devrait cultiver l'esprit, non pour qu'il suive les ornières de l'habitude — si digne de respect ou noble soit-elle, ou si techniquement nécessaire — mais afin qu'il soit extraordinairement vivant, pas du fait de ses connaissances, pas du fait de ses expériences, mais vivant. Car il arrive souvent que plus on a accumulé de connaissances, moins le cerveau est alerte.

Je ne me dresse pas contre le savoir, mais il y a une différence entre apprendre et acquérir du savoir. On cesse d'apprendre quand on se contente d'accumuler des connaissances, là où le savoir prend une importance prépondérante. Plus j'augmente ma dose de savoir, plus mon esprit se sent en sécurité, plus il se sent assuré, et par là, je cesse d'être quelqu'un qui apprend. Apprendre ne doit jamais être un processus additif. Apprendre vraiment est un processus actif. Tandis que l'acquisition du savoir consiste à récolter des éléments d'information pour les emmagasiner. Il m'apparaît donc qu'il y a une énorme différence entre apprendre et acquérir du savoir. À travers le monde, l'éducation consiste simplement en cette acquisition du savoir et ainsi, l'esprit s'émousse, il cesse d'apprendre. Il se contente d'acquérir. Cette visée d'acquisition oriente tout notre mode de vie et, par conséquent, impose des limites à l'expérience. Alors que le fait d'apprendre est sans limites.

Est-il possible, dans une école, non seulement d'ajouter au connu, chose nécessaire quand il s'agit de vivre dans ce monde, mais aussi, d'avoir un esprit en état d'apprentissage constant ? Ces deux démarches ne sont pas contradictoires. Mais dans une école où le savoir prend la place prépondérante, apprendre devient une contradiction. L'éducation devrait se préoccuper de la vie intégrale et non pas des réactions immédiates aux sollicitations immédiates de la vie.

Voyons un peu ce qu'impliquent ces deux

mouvements. Si l'on vit en fonction de l'immédiat, réagissant toujours aux défis immédiats. l'immédiat se répète constamment sous des aspects différents. Une année, il s'agira de guerre, l'année suivante de révolution et la troisième année, d'un malaise industriel. Si l'on vit en fonction de l'immédiat, l'existence devient très superficielle. Vous allez peut-être dire que cela suffit parce que c'est là tout ce dont nous avons à nous préoccuper. C'est une des façons d'envisager l'existence. Mais si vous vivez ainsi, votre vie est vide. Vous pouvez la remplir avec des automobiles, des livres, le sexe, la boisson, une quantité de vêtements, mais tout cela est superficiel et vide. Celui qui vit ainsi cherche sans cesse à s'évader et s'évader signifie l'illusion, encore plus de dieux, plus de croyances, plus de dogmes, des attitudes de plus en plus autoritaires, ou bien encore plus de matches, plus de sexualité, plus de télévision.

Les réactions de ceux qui vivent dans l'immédiat sont terriblement vides de sens, futiles, misérables. Ce n'est pas mon seul sentiment ou l'expression d'un préjugé, vous pouvez l'observer. Vous pouvez dire que cela vous satisfait ou, bien au contraire, ne vous satisfait pas.

C'est donc l'étendue de vision qui est nécessaire, même s'il faut, cela va de soi, agir dans l'immédiat, faire quelque chose quand la maison brûle, ce n'est pas là le but de l'action. Il faut qu'il y ait autre chose, et comment peut-on poursuivre cette autre chose sans faire intervenir l'autorité sous toute forme, les livres ou les prêtres ? Peut-on rejeter le tout et chercher l'« autre » ? Si l'on se met à la recherche de l'« autre », cet immédiat recevra sa réponse d'une façon plus vaste et plus vitale. Aussi, vous, en tant qu'êtres humains et en tant qu'éducateurs, qu'enseignants, quel est votre sentiment là-dessus ?

Je ne désire pas que vous m'approuviez, mais si vous vous êtes servis de votre cerveau, si vous avez observé les événements mondiaux, si vous avez observé vos propres tendances, vos propres exigences, vos propres convictions, si vous avez considéré l'état général de l'homme, son désespoir angoissé, comment y répondez-vous ? Quelle est votre action, votre façon de voir la chose ? Oubliez un instant que nous sommes dans une école, nous parlons en tant qu'êtres humains.

PR. : *En faisant face aux défis immédiats, et plus particulièrement à mesure qu'on vieillit, on semble éprouver un sentiment d'anxiété. Existe-t-il, à mesure que l'on vieillit, une autre façon de s'y prendre ?*

K. : Qu'entendez-vous par « vieillir » ? Vieillir en fonction du travail qu'on exerce ? En fonction de la routine, de l'ennui ? Qu'entendez-vous par l'« âge » ? Qu'est-ce qui vous fait vieillir ? L'organisme physique s'use, pourquoi ? Est-ce dû à la maladie, ou parce que la répétition continue est comme une mécanique qui se répète encore et encore ? La psyché n'est jamais vivante, elle se contente de fonctionner dans l'habitude ; ainsi, bien vite, elle contraint le corps à vieillir. Mais la psyché, pourquoi vieillit-elle ? A-t-elle jamais besoin de vieillir ? Je ne crois pas qu'elle ait jamais besoin de vieillir. Et la vieillesse n'est-elle seulement qu'une habitude ? Avez-vous remarqué les vieilles personnes, comment elles mangent, comment elles parlent ? Est-il possible de maintenir une psyché extraordinairement jeune, vivante, innocente ? Est-il possible pour la psyché d'être vivante et de ne jamais, pendant une seconde, perdre sa vitalité à cause de l'habitude, de la sécurité, des liens familiaux, du poids des responsabilités ? Évidemment, c'est possible. Mais cela veut dire que vous êtes prêts à détruire tout ce que vous construirez. Voilà ce que j'entends par la vision étendue. Vous pouvez passer par une expérience agréable ou pénible, qui laisse une trace, et l'esprit vit là-dedans, s'y complaît : « J'ai passé par une expérience étonnante », ou encore : « J'ai vécu d'une vie tellement triste » — et c'est en soi une décadence. Ainsi l'expérience, s'attacher à vivre dans l'expérience, est processus de dégradation.

Mais revenons à ma question. En tant qu'êtres humains, vivant dans cette société, dans un monde qui exige une action immédiate, quelle est votre réponse à ce défi immédiat ? Le défi immédiat est toujours à exiger de vous que vous répondiez d'une façon immédiate, et vous êtes piégés. En tant que parents, professeurs, citoyens, que répondez-vous ? Parce que, selon votre réponse, vous serez prisonniers du mécanisme. Que vous réagissiez consciemment ou inconsciemment, l'effet se fera sentir dans votre psyché.

Réponses sur l'éducation

PR. : *Existe-t-il un procédé qui donne à cette vision étendue une réalité percutante, aussi actuelle que celle de l'immédiat ?*

K. : Certainement. Parce que l'immédiat, c'est l'actuel. Il y a la bombe atomique — les savants russes, américains et français sont en train de produire, d'inventer des façons de produire des bombes atomiques à bon marché — quitte à se faire sauter eux-mêmes. Pourquoi devriez-vous réagir ? La bombe atomique est le résultat de toute une série d'événements — nationalisme, industrialisme, différences de classe, avidité, envie, haine, ambition — toutes ces choses ont engendré la bombe atomique. Vous réagissez sans comprendre la question. Vous dites que l'Amérique ou la Russie devraient cesser de produire des bombes atomiques et vous appelez cela une réaction réelle. Mais à quoi bon réagir vis-à-vis des fragments d'un tel problème, sans tenir compte de la totalité ? Donc, si c'est là ce qui est considéré comme le réel et si vous voyez que le réel produit des réactions aussi dénuées de maturité, il vous faut alors prendre un autre chemin. Sachant qu'il vous faut réagir à l'immédiat, mais qu'il est nécessaire aussi d'étendre plus loin votre vision, comment promouvoir un tel état, vous, en tant qu'éducateurs ? En général, personne ne se préoccupe de l'autre aspect ; aucun éducateur ne s'intéresse à l'ampleur de la vision, au point de vue élevé. L'éducation, aujourd'hui, n'est préoccupée que de l'immédiat. Mais si vous êtes mécontents de l'immédiat, comment vous proposez-vous de rechercher l'autre attitude, sans négliger celle-ci ? Est-ce que vous saisissez ce que le problème a de poignant ?

Permettez-moi de le poser différemment : Comment peut-on maintenir la jeunesse de l'esprit pour que jamais il ne vieillisse, que jamais il ne dise : « J'en ai assez » et cherche un recoin pour s'y mettre et stagner ? Voilà l'attitude à laquelle on tend et voilà le fait réel.

Tout, dans notre monde, est en train de détruire la vision étendue. Les livres, les journeaux, les politiciens, les prêtres, tout vous influence, et comment fait-on pour prendre ses distances avec tout cela ? Vous vous laissez contaminer et, néanmoins, vous êtes forcés de fonctionner et vous ne pouvez pas vous rendre quittes et tourner le dos.

La vie est destruction. La vie est amour. La vie est création. Nous n'en connaissons rien. Elle est immense. Comment allez-vous faire ressortir tout cela dans l'éducation que vous allez donner ?

PR. : *Est-il possible de rechercher une vision aux dépens d'une autre ? Est-il possible de se défaire de la vision à court terme ?*

K. : Le problème n'est pas de fuir toute cette souffrance, ni de trouver un moyen de combiner les deux. Vous ne pouvez pas combiner le mesquin et le vaste. Ce qui est grand doit absorber le petit.

Réponses sur l'éducation

PR. : *Mais ne vaut-il pas mieux s'enquérir de ce qui est petit pour commencer, et aboutir après à ce qui est plus grand ?*

K. : Jamais. Si vous dites que ce qui est petit, c'est le premier pas, vous êtes perdu, vous êtes prisonnier de ce qui est petit. Pensez-y par vous-même. Si vous acceptez ce qui est réduit, où vous trouvez-vous ? Vous serez pris, n'est-ce pas ? Il y aura la petite famille, la petite maison, le petit mari, la petite fortune, les petits vêtements. Vous avez donné de l'importance à ce qui est petit, ce qui est petit vient d'abord, et de même est petite votre responsabilité dans la société. Vous êtes tous si terriblement respectables. Pourquoi mettez-vous ce qui est petit au premier plan ? Parce que c'est le chemin de la facilité ?

PR. : *Mais comment peut-on se saisir de ce qui est petit pour le comprendre ?*

K. : Vous ne pouvez saisir que ce qui est grand — ce qui est petit n'est pas du tout important mais vous l'avez rendu important.

C'est une chose très délicate, une chose subtile, d'avoir des dons et de ne pas être esclave de ses dons, de répondre immédiatement aux choses qui appellent une réponse, mais d'avoir cependant cette extraordinaire profondeur, cette largeur, cette grandeur en même temps.

Rejetez la petitesse. Savez-vous ce que ça veut dire que de rejeter ? Rejetez non parce que vous possédez la vision étendue, mais parce que fausse est la chose que vous rejetez.

L'action

KRISHNAMURTI : Pouvons-nous examiner la question de l'action immédiate ? L'action exerce sa pression sur chacun de nous, et il est nécessaire d'avoir l'étendue de vision qui inclut aussi l'immédiat. Mais le caractère de l'immédiat ne comprend pas ce qui est en soi plus large, plus vaste, plus profond. La plupart des intellectuels et des gens instruits, à travers le monde, semblent pris dans l'engrenage des réponses immédiates aux sollicitations immédiates. Davantage de savants, de techniciens, d'ingénieurs sont requis et l'éducation est organisée en vue de les produire. L'exigence de l'immédiat est acceptée, satisfaite, et ainsi, me paraît-il, on perd de vue une perspective plus étendue. C'est ce qui rend l'être dans ses émotions, son corps, son esprit, très superficiel et vide. Si l'on se rend véritablement compte de tout cela, non pas sur le plan verbal, mais par une perception directe, on arrive à se demander comment un enseignant peut éduquer un élève de façon à ce qu'il ait non seulement des connaissances techniques, le savoir-faire, mais aussi une compréhension plus vaste, plus profonde de la

Réponses sur l'éducation

vie ? Comment allez-vous traduire cela en action dans l'éducation ? N'est-ce pas dans ce but que vous êtes ici ? Comment allez-vous faire si vous ne l'avez déjà fait ? Je crois qu'ici, à Rishi Valley, à son origine même, cette école était censée pratiquer une éducation différente. On ne devait pas seulement procurer à l'enfant des connaissances utiles mais encore lui faire comprendre que le savoir n'est pas le but de la vie ; autrement dit, qu'il est nécessaire de rester sensible à la nature, aux arbres, à la beauté, de savoir ce que c'est que d'aimer, que d'être bon, généreux. Et comment allez-vous vous attaquer à ce problème ?

Il semble tout d'abord absolument nécessaire qu'il y ait un certain nombre d'entre vous qui aient ce sentiment, et qui, par leur enthousiasme, leur compréhension, soient capables non seulement d'impartir des connaissances mais de voir au-delà des collines.

Si je vivais ici, et si je sentais l'urgente nécessité qu'un étudiant soit efficace dans ses connaissances académiques mais qu'il sache aussi comment danser, chanter, regarder les arbres, la montagne, comment regarder une femme en dehors de l'attitude sexuelle habituelle, comment considérer l'extraordinaire beauté de la vie, et connaître la souffrance, et aller au-delà — si je vivais ici, comment pourrais-je m'y prendre ? Si j'habitais ici et que ce fût mon unique travail, je ne laisserais pas l'un de vous en paix. Je discuterais avec vous de la façon dont vous parlez, dont vous vous habillez, dont vous regardez, dont vous vous comportez, dont vous mangez. J'y consacrerais tout mon temps — et probablement, vous diriez que je suis un tyran et vous vous mettriez à parler liberté et démocratie. Je ne crois pas que ce soit une question de démocratie, de tyrannie et de liberté. Voyez-vous, ici se pose la question de l'autorité. Nous en avons beaucoup parlé, à plusieurs reprises, chaque fois que je suis venu ici. Mais discutons encore une fois de l'autorité.

Pour moi, l'autorité est une chose terrible, destructrice. Elle est par essence tyrannique — l'autorité du prêtre, du policier, de la loi, celles-là sont des autorités extérieures. Mais il y a aussi l'autorité intérieure, celle du savoir, celle du sentiment de sa propre importance, de sa propre expérience, qui nous dicte certaines attitudes dans la vie. Tout cela engendre l'autorité, et c'est en évitant d'exercer une telle autorité que vous devez vous occuper de l'enfant, veiller à ce qu'il ait bon goût, à ce qu'il mette les vêtements appropriés, qu'il mange convenablement, qu'il ait une certaine dignité dans ses paroles, dans son attitude générale ; vous devez aussi lui apprendre à jouer, sans brutalité, sans esprit de rivalité, mais pour le plaisir de jouer. Éveiller cette attitude en lui, sans exercer d'autorité, est une chose extrêmement difficile et parce que c'est difficile vous avez recours à l'autorité. Dans une école, on ne peut se passer de discipline. Or, peut-on établir une discipline sans exercer d'autorité ? Il faut que les enfants viennent régulièrement à leurs repas et qu'ils n'y bavardent pas continuellement. Tout doit comporter une certaine proportion, une certaine liberté, une certaine affection et il faut aussi, mais non de façon autoritaire, encourager l'éveil d'un certain respect de soi-même.

Transmettre des connaissances sans qu'elles

deviennent un but en elles-mêmes, pouvoir éduquer l'esprit à pratiquer une vision étendue, une vaste compréhension de la vie, n'est pas possible si l'éducation est basée sur l'autorité.

PR. : *Il est horriblement difficile d'établir un état d'ordre chez un enfant, sans avoir recours à la discipline, à la maîtrise de soi et à l'autorité. La position des adultes est différente de celle des enfants.*

K. : Je me demande s'il en est ainsi. Nous sommes conditionnés et de même les enfants sont conditionnés à chaque instant. L'éducation ne pourrait-elle pas créer une qualité révolutionnaire, une qualité neuve de l'esprit ? La difficulté est que ceci devrait commencer à un âge très tendre et non pas quand les enfants ont quatorze ans et plus. A ce moment-là, ils ont déjà subi une formation, et une certaine destruction, mais s'ils venaient à vous très jeunes, que feriez-vous pour encourager en eux le sentiment qu'il existe autre chose que la vie sexuelle, la fortune, la situation sociale ?

A côté de l'information présentée comme savoir, comment leur montrer que le monde n'est pas seulement l'immédiat mais qu'il y a d'autres choses d'une tout autre dimension ? Tout d'abord, il faut que vous et moi le sentions, pas seulement parce que j'en parle ou que vous en parlez. Je dois le ressentir comme une flamme. Et si c'est le cas, comment le communiquer sans pour cela exercer une influence sur l'enfant ? Parce que dès l'instant où j'influence, je détruis ;

j'oblige l'enfant à se conformer à l'image que j'ai en moi. Donc, il faut que je me rende compte, même si mes sentiments au sujet de tout cela sont très intenses, que dans mes rapports avec l'enfant, si jeune qu'il soit, je ne dois encourager chez lui aucune attitude ou aucune activité imitatives. C'est à tout prendre terriblement difficile. Mais si j'aime quelqu'un, je souhaite qu'il soit différent, qu'il fasse les choses autrement, qu'il regarde la vie, qu'il sente la beauté de la terre. Puis-je lui montrer tout cela sans l'influencer et sans faire naître l'instinct d'imitation ?

PR. : *Avant d'en arriver à aider l'enfant sans l'influencer, n'y a-t-il pas une façon de s'y prendre que nous devrions établir en nous-mêmes, puisque dans nos vies, il y a tant de contradictions ?*

K. : Pour établir cet état d'esprit il nous faut changer, détruire les contradictions, balayer les sentiments destructifs. On peut y mettre beaucoup de temps, de nombreuses années ou peut-être pas de temps du tout. Nous disons que c'est une chose qui peut être obtenue par un processus d'analyse, par un éveil, une mise en question, où l'on sonde, où l'on interroge. Tout cela prend du temps. Mais le temps lui-même est un danger parce que dès lors que nous faisons appel au temps dans le but de changer, en réalité nous aboutissons à la prolongation de ce qui est. Car si l'on requiert le temps pour qu'un changement s'opère, on ne fait que prolonger ce qui est. S'il me faut examiner mon esprit, prendre conscience de mes activités, de mon conditionnement, de mes exigences, et tâtonner tous les jours, c'est impliquer le temps.

Le temps comme moyen de changement est une illusion. Et quand j'introduis le temps dans le problème de la mutation, la mutation est remise à plus tard, parce que le temps est alors une simple prolongation de mon désir de rester tel que je suis. Il faut du temps pour apprendre le français. Le temps qu'il faut pour apprendre le français n'est pas une illusion. Mais pour provoquer une mutation psychologique, un changement psychologique en soi-même, compter sur le temps est une illusion. Parce que le temps encourage l'indolence, la remise au lendemain, un sentiment de la réussite à venir, la vanité. Tout cela est impliqué dans le recours au temps, quand j'utilise le temps comme moyen de mutation. Donc, si je ne fais pas appel au temps, que va-t-il se passer ?

C'est une chose merveilleuse ! Tous les gens religieux ont pensé au temps comme étant le moyen de changer, et en réalité, nous nous apercevons que la mutation ne peut avoir lieu qu'en dehors du temps et non pas grâce à lui.

PR. : *Est-ce qu'on ne peut pas le dire de toute action créatrice ?*

K. : Très évidemment. Donc, mon esprit peut-il se refuser d'avoir recours au temps, mais au contraire le récuser en tant que moyen de parvenir au changement ? Voyez-vous comme c'est beau ? Que se passera-t-il alors ? L'élément que je me propose de changer a été construit à travers le temps, il est le résultat du temps, et maintenant, je récuse le temps. Par conséquent, je rejette toute cette structure et, par là, la mutation a déjà eu lieu. Je ne vois pas si vous saisissez le sens de ces paroles mais ce n'est pas une subtilité verbale. Avez-vous compris ? Si je rejette mon conditionnement en tant que hindou, ce conditionnement étant le résultat du temps, si je nie le temps, je nie toute la construction. J'en suis sorti. Si je rejette tout rite — chrétien, hindou, bouddhiste — si je le rejette parce que c'est un produit du temps, j'en suis sorti. Je n'ai pas besoin de me demander comment susciter une mutation. La chose elle-même est le résultat du temps et je récuse le temps, donc la structure est détruite.

Ainsi, l'esprit dans lequel la mutation a eu lieu, cet esprit est alors capable d'instruire, de regarder, de susciter avec netteté une série bien définie d'actions dans son milieu. On ne peut nier le temps passé à acquérir des connaissances mais le temps existe-t-il véritablement ailleurs ?

PR. : *Mais même dans nos activités, il nous faut du temps ; nous semblons faire les choses d'une façon très négligée et le temps, pesant sur nous, est une chose lourde. Si la compréhension du temps est tellement simple, pourquoi est-ce que nous ne pouvons pas nous en dégager ?*

K. : Si vous consacrez votre pleine et entière attention, non pas à rechercher un changement grâce au temps, mais à le récuser comme moyen de changement, vous serez alors dans l'attitude requise pour enseigner d'une façon entièrement différente. Les garçons et les filles sont ici pour acquérir des connaissances et si vous pouvez leur impartir ces connaissances, en étant attentifs à ne pas utiliser le temps pour cette tâche, alors, vous contribuez à l'éveil de leur esprit.

Autrement dit, ce qui m'intéresse, c'est d'éveiller leur esprit, de le maintenir dans un état de vitalité intense. Nous prétendons que l'esprit peut être maintenu vivant grâce au savoir, et par conséquent, nous y déversons du savoir, ce qui n'a pour résultat que de l'éteindre. Un esprit qui fonctionne dans le temps reste un esprit limité. Mais l'esprit qui ne fonctionne pas dans le temps est extraordinairement alerte, vivant, et il est capable de transmettre cette vivacité à un esprit qui est encore en train de chercher, d'examiner, un esprit innocent. C'est ainsi que nous avons découvert quelque chose de neuf. Vous et moi avons découvert quelque chose. Je vous ai communiqué quelque chose. Ensemble, nous avons découvert que l'esprit fonctionne dans le temps et qu'il est le résultat du temps, et qu'ainsi il ne peut transmettre que de l'information. Un tel esprit est limité. Mais un esprit qui ne fonctionne pas, qui ne pense pas, même s'il s'en sert en termes de temps, pourra vivifier l'esprit d'autrui ; et le savoir ne sera pas de caractère destructeur. Voyez-vous, un tel esprit est en train d'apprendre et non pas d'acquérir. Par conséquent, il est éternellement vivant, il est jeune. Certains enfants, dans cette école, sont déjà vieux parce que ce qui les intéresse uniquement est de recueillir du savoir et non pas d'apprendre. Apprendre est en dehors du temps. Maintenant, comment allez-vous décider d'agir pour vivifier l'esprit et le maintenir étonnamment vivant ? Il vous faut comprendre la qualité d'un esprit qui a vécu une mutation. Cette mutation a lieu dès l'instant où vous récusez le temps. Vous avez rejeté tout le passé d'un seul coup. Vous n'êtes plus un hindou, ni un chrétien. Dès lors, comment un tel esprit, qui a vécu une mutation, va-t-il enseigner et traduire en action ce qu'il a compris ? Comment agira-t-il pour transmettre du savoir qui implique le temps, et malgré cela, maintenir l'esprit de l'enfant dans un état intensément vivant ? C'est à vous de le découvrir.

Le rejet véritable

X. : *Dans l'une de vos causeries avec les élèves, vous avez dit que quand un problème surgit, il faut le résoudre immédiatement. Comment peut-on y parvenir ?*

KRISHNAMURTI : Pour résoudre un problème d'une façon immédiate, il s'agit de le comprendre. La compréhension du problème est-elle une affaire de temps ou ne dépend-elle pas plutôt de l'intensité de perception, de l'intensité de vision ? Supposons que j'aie un problème : je suis vaniteux. C'est un problème dans ce sens que la vanité crée un conflit, en moi, une contradiction. C'est un fait que je suis vaniteux, et un autre fait, c'est que je voudrais bien ne pas l'être. Tout d'abord, il faut que je comprenne ce fait que je suis vaniteux, et il me faut vivre avec. Je dois non seulement être intensément conscient du fait, mais je dois le comprendre pleinement. Or, la compréhension est-elle une affaire de temps ? Le fait, je peux le voir instantanément, n'est-ce pas ? Le caractère immédiat de la vision, de la perception, dissout le fait. Si je vois un cobra, il s'ensuit une action instantanée. Mais je ne vois pas la vanité de la même façon — quand je la vois ou bien je m'y complais et, par conséquent, je continue à l'entretenir, ou bien encore, je n'en veux pas parce qu'elle crée en moi un conflit. Si elle ne crée pas de conflit, il n'y a pas de problème.

La perception et la compréhension n'appartiennent pas au temps. La perception est une affaire d'intensité de vision, d'une vision dans sa totalité. Quelle est sa nature, en quoi consiste la façon de voir totalement ? Qu'est-ce qui nous donne la faculté, l'énergie, la vitalité, l'élan, nous permettant de traiter un problème sur-le-champ et avec toute la somme de notre énergie ? Dès l'instant où vous fractionnez l'énergie, le conflit est là ; par conséquent, il n'y a plus de vision, il n'y a plus la perception d'une totalité.

Maintenant, d'où provient l'énergie qui fait faire un bond à l'instant où l'on aperçoit un cobra ? Quels sont les processus qui poussent l'organisme comme le psychisme, l'être entier, à un sursaut, de sorte qu'il n'y ait aucune hésitation, de sorte que la réaction se fasse dans l'instant ? Qu'est-ce qui a contribué à ce caractère immédiat ? Il y a plusieurs facteurs qui ont contribué à rendre cette action immédiate : la peur, l'autoprotection naturelle, nécessairement présentes, et aussi le savoir qu'un cobra est un danger mortel.

Or, pourquoi ne se produit-il pas la même énergie dans l'action quand il s'agit de dissoudre la vanité ? Je prends la vanité comme exemple. Dans ce cas, il y a bien des raisons qui ont contribué à mon manque d'énergie. La vanité m'est agréable, notre monde est fondé sur elle ; elle est la base de notre comportement social ; elle me procure un certain sentiment de vitalité, de dignité, de domination, le sentiment que je vaux un peu plus qu'un autre. Tout ceci fait obstacle à l'énergie exigée pour dissoudre la vanité. Arrivé à ce point, ou bien j'analyse toutes les raisons qui ont nui à une action sans délai, qui m'ont empêché d'agir vis-à-vis de ma vanité, ou bien je vois immédiatement. L'analyse est un processus qui se déroule dans le temps ; c'est un processus de remise au lendemain. Pendant que j'analyse, la vanité continue d'exister ; elle ne sera pas dissoute par le temps qui passe. Donc, il me faut la voir d'une façon globale et je n'ai pas l'énergie voulue pour la voir. Or, rassembler cette énergie dissipée exige qu'elle soit rassemblée non seulement quand je suis confronté à un problème tel que la vanité, mais rassemblée constamment, même quand il n'y a pas de problème. Nous n'avons pas des problèmes tout le temps.

Si, à ces moments-là, nous rassemblons notre énergie, s'il y a un rassemblement d'énergie dans ce sens que nous sommes en pleine perceptivité, alors quand le problème surgit, nous pouvons l'aborder sans pour cela être obligés de passer par le processus analytique.

X. : *Mais alors, il se présente une autre difficulté. Quand il n'y a pas de problème, quand cette énergie n'est pas rassemblée, il y a tout de même des activités mentales qui se poursuivent ?*

K. : Il y a une déperdition d'énergie dans un état purement répétitif, quand il n'y a que les réactions de la mémoire, les réactions vis-à-vis de l'expérience courante. Si vous observez votre propre esprit, vous verrez qu'un incident agréable vous revient, se répète tout le temps. Vous voulez y revenir, vous voulez y penser, et ainsi il rassemble de l'énergie. Quand l'esprit est pleinement conscient, il n'y a pas de gaspillage d'énergie. Est-il possible alors de permettre à cette énergie, à cette pensée, de s'épanouir ? Cela implique que vous ne vous disiez jamais : « Ceci est bien, ceci est mal », mais que vous viviez avec cette pensée. Vous avez à son égard un sentiment d'extrême attention qui lui permet de s'épanouir et, par conséquent, de prendre fin d'elle-même.

Ne pouvons-nous pas aborder le problème un peu différemment ? Nous avons parlé de créer une génération qui posséderait une nouvelle qualité d'esprit. Comment pouvons-nous le faire ? Si j'étais un professeur ici, ce serait ma préoccupation — et un bon éducateur a évidemment cette préoccupation — de susciter chez les enfants un esprit nouveau, une nouvelle sensibilité, une sensibilité à l'égard des arbres, du ciel, des ruisseaux, de promouvoir une nouvelle conscience et non pas un nouveau moule de l'ancienne conscience. Je parle d'un esprit entièrement nouveau que le passé n'aura pas contaminé. Si c'est là ma principale préoccupation, comment vais-je m'y prendre ?

Tout d'abord, est-il possible de faire naître un tel esprit nouveau ? Non pas un esprit qui serait une prolongation du passé coulé dans un moule nouveau, mais un esprit qui n'aurait pas subi la contamination du passé. Est-ce faisable ou bien le passé doit-il forcément se continuer à travers le présent pour être modifié et déversé dans un nouveau moule ? Dans ce cas-là, il ne pourra y avoir de génération nouvelle à proprement parler, ce ne sera toujours que l'ancienne génération se répétant sous une autre forme.

Je crois qu'il est possible de créer une génération nouvelle. Mais comment puis-je, non seulement en faire l'expérience en moi-même, mais encore la transmettre à l'élève ? Si je vois quelque chose, si j'ai une expérience intérieure, je ne peux m'empêcher de l'exprimer à l'étudiant. Ce n'est pas une question de « moi » et « l'autre ». C'est un événement réciproque, n'est-il pas vrai ? Donc, comment puis-je susciter, faire naître un esprit qui ne soit pas contaminé ? Vous et moi, nous avons été contaminés par la société, par l'hindouisme, par l'éducation, par la famille, par les journaux. Comment pouvons-nous briser à travers notre conditionnement cet état de contamination ? Vais-je dire que tout cela fait partie de la vie, vais-je l'accepter ? Que faire, monsieur ? Voici un problème : nos esprits sont contaminés. Pour ceux d'entre nous qui sommes les plus âgés, il est très difficile de briser cet état d'esprit. Mais vous, vous êtes comparativement jeunes, et votre problème, c'est de décontaminer votre esprit. Comment faire ? Ou bien c'est possible, ou bien ce ne l'est pas. Comment découvrir si c'est possible ou non ? Je voudrais que vous saisissiez tout de suite.

Savez-vous ce que signifie récuser, rejeter ? Rejeter le passé, rejeter d'être un hindou, qu'est-ce que cela veut dire ? Qu'entendez-vous par ces mots : « dénier », « rejeter » ? Avez-vous jamais nié quoi que ce soit ? Il y a une négation véritable et une négation fausse. Une négation due à un mobile est une fausse négation. Une négation faite dans un but, qui comporte une intention et avec un œil sur l'avenir, n'est pas une vraie négation. Si je nie quelque chose dans le but d'obtenir quelque chose de plus, ce n'est pas un rejet. Mais il existe un rejet qui n'a aucun mobile. Quand je rejette en ne sachant pas du tout ce que l'avenir tient en réserve pour moi, c'est un rejet véritable. Je nie l'identification à ma qualité d'hindou, je nie l'appartenance à toute organisation, je nie toute croyance particulière, et par ce refus de m'identifier, dans cette négation même, je me mets dans un état d'insécurité totale. Connaissez-vous cette sorte de négation ? Avez-vous dans ce sens jamais nié quoi que ce soit ? Êtes-vous capable de nier le passé de cette façon-là, de le nier sans savoir ce qu'il adviendra dans l'avenir ?

Pouvez-vous rejeter le connu ?

X. : *Quand je nie quelque chose — mettons l'hindouisme — il y a simultanément une compréhension de ce qu'est l'hindouisme.*

K. : Ce dont nous discutons, c'est de savoir comment donner naissance à un esprit nouveau et si c'est possible. Un esprit qui est contaminé, ne peut pas être un esprit nouveau. Nous parlons donc de la décontamination et nous nous demandons si elle est possible. C'est pourquoi j'ai

demandé tout d'abord ce que vous entendez par
« négation », par « rejet », parce qu'il me semble
que cela est en rapport très étroit avec notre
problème. La négation véritable est étroitement
liée à cet esprit nouveau. Si je rejette, si je nie,
d'une façon nette, sans laisser subsister de racine,
sans aucun mobile, c'est là une négation réelle.
Est-elle possible ?

Voyez-vous, si je ne récuse pas complètement
la société telle qu'elle est, sous ses aspects politiques, économiques, les rapports sociaux, l'ambition, l'avidité, si je ne récuse pas tout cela
complètement, il m'est impossible de découvrir
ce qu'est un esprit neuf. Par conséquent, la
rupture première, fondamentale, c'est la négation qui rejette les choses que j'ai connues. Est-ce
possible ?

Très évidemment, l'esprit nouveau ne peut pas
venir par l'usage d'une drogue ; rien ne peut le
procurer, si ce n'est un rejet total du passé. Est-ce
possible ? Qu'en dites-vous ? Et si j'ai subodoré
le parfum, la vision, le goût d'une telle renonciation, comment puis-je m'employer à le transmettre à un élève ? Celui-ci doit être pourvu d'une
abondance de connu — mathématique, géographie, histoire, etc. — et, en même temps, être
abondamment libéré du connu, en être affranchi
sans retour.

X. : *Mais monsieur, toutes les sensations laissent
derrière elles un résidu, un trouble, qui conduisent
à différents états de conflit et à d'autres formes
d'activité mentale. La façon traditionnelle d'y
répondre de toutes les religions est de rejeter ces*

sensations par la discipline et le renoncement. Mais ce dont vous parlez, vous, paraît être une réceptivité intensifiée à l'égard de ces sensations, permettant de les saisir sans qu'elles s'accompagnent d'aucune déformation, d'aucun résidu.

K. : Telle est la question. La sensibilité et la sensation sont deux choses différentes. Un esprit qui est esclave de la pensée, de la sensation, du sentiment, est un esprit attaché au résidu. Il jouit du résidu, il jouit de la pensée qui s'attarde sur le monde du plaisir et ainsi, chaque pensée laisse derrière elle une trace, et c'est là le résidu. Chaque pensée s'attardant sur un certain plaisir que l'on a éprouvé laisse une marque et celle-ci engendre l'insensibilité. Très évidemment, elle émousse l'esprit comme le font de plus la discipline et la maîtrise de soi avec ses formes de suppression. Je dis que la sensibilité n'est pas la sensation, que la sensibilité n'implique par sa nature aucune marque, aucun résidu. Donc, maintenant, quelle est la question ?

X. : *Mais, ce rejet, cette négation dont vous parlez, est-il différent de l'attitude qui consiste à restreindre la sensation ?*

K. : Comment voyez-vous cette fleur ? Comment en voyez-vous la beauté ? Comment y êtes-vous sensible ? Si complètement que votre vision d'elle ne laisse aucun souvenir résiduel de sorte que si vous la revoyez dans une heure, ce sera pour vous comme une fleur entièrement nouvelle ? Ce n'est pas possible si, pour vous, cette vision est une sensation, une sensation associée à l'idée de fleur et de plaisir. La méthode traditionnelle, c'est de refuser tout ce qui est agréable et cause de plaisir, parce que de telles associations éveillent de nouvelles formes de plaisir et, par conséquent, vous vous disciplinez en vous obligeant à ne pas regarder. Couper court à toutes les associations, comme avec un bistouri, témoigne d'un manque de maturité. Alors, comment l'esprit, comment les yeux peuvent-ils percevoir l'intensité étonnante de la couleur et malgré cela, ne pas en garder l'empreinte ?

Je ne suis pas à la recherche d'une méthode mais comment un tel état d'esprit peut-il prendre naissance ? Parce qu'autrement, on ne peut pas être sensible. C'est comme une plaque photographique qui recevrait des impressions et qui se renouvellerait d'elle-même. Elle est exposée et néanmoins, elle devient négative, prête à recevoir l'impression suivante. Donc, à tout instant, il y a la purification de chaque plaisir. Cela est-il possible ou bien est-ce que nous nous amusons avec des mots tandis que nous négligeons les faits ?

Un fait que je vois très clairement, c'est que le résidu de toute sensibilité, de toute sensation émousse l'esprit. C'est alors un fait que je rejette mais, d'un autre côté, je ne connais pas l'état d'une extraordinaire sensibilité, où l'expérience ne laisse derrière elle aucune marque, et pourtant, j'ai vu la fleur dans toute sa plénitude, dans son immense intensité. Je vois comme un fait indéniable que toute sensation, tout sentiment, toute pensée, laissent subsister leurs empreintes, modèlent l'esprit et ne peuvent que rendre impossible l'apparition de l'esprit nouveau. Je vois que d'avoir un esprit empreint de marques, c'est la mort, aussi je rejette la mort. Mais je ne connais rien d'autre. Je vois aussi qu'un esprit bien fait possède la sensibilité sans le résidu de l'expérience. Il passe par une expérience mais celle-ci ne laisse aucune trace susceptible de devenir la cause de nouvelles expériences, de nouvelles conclusions, d'une nouvelle mort.

Une façon de faire, je la rejette, et l'autre, je ne la connais pas. Comment cette transition entre le rejet du connu et l'inconnu peut-elle prendre naissance ?

Comment fait-on pour ainsi nier, rejeter ? Est-ce que l'on rejette le connu, non pas à l'occasion d'incidents dramatiques mais au cours d'incidents minimes ? Est-ce que je le rejette quand je me rase le matin et que je me souviens de mon séjour délicieux en Suisse ? Est-ce que l'on rejette le souvenir d'un incident agréable ? Est-ce que l'on en prend conscience pour le rejeter ? Ce n'est pas là un incident dramatique ni spectaculaire, personne n'y prête attention. Néanmoins, ce rejet constant de petites choses, ces petits coups de balai, ces petits effacements, et non pas une grande négation spectaculaire, c'est cela qui est essentiel. Il est essentiel de nier la pensée sous forme de souvenirs, agréables ou pénibles, et cela à chaque instant de la journée, à mesure qu'ils surgissent. On ne le fait pas à cause d'un mobile quelconque, et pas pour pénétrer dans un état extraordinaire que l'on appelle l'inconnu. Vous vivez à Rishi Valley et vous pensez à Bombay ou à Rome. Cela crée un conflit, cela amoindrit l'esprit, le divise. Pouvez-vous vous en apercevoir et le balayer de votre esprit ? Pouvez-vous continuer à effacer, sans que ce soit par désir de pénétrer dans l'inconnu ? Jamais vous ne pourrez savoir ce qu'est l'inconnu, parce que dans l'instant où vous le reconnaissez comme étant l'inconnu, vous êtes de nouveau dans le connu.

Le processus de reconnaissance est un processus de prolongation du connu. Comme je ne connais pas ce qu'est l'inconnu, l'unique chose que je puisse faire c'est de continuer d'effacer la pensée à mesure qu'elle surgit.

Vous voyez cette fleur, la sentez, vous en voyez la beauté, l'intensité de couleur, l'éclat extraordinaire. Puis vous montez dans la chambre dans laquelle vous vivez, qui est déplaisante de proportions et qui est laide. Vous vivez dans cette chambre mais vous avez un certain sens de la beauté et vous vous mettez à penser à la fleur. Vous saisissez cette pensée dès qu'elle surgit et puis vous la balayez. Mais à quelle profondeur êtes-vous quand vous l'effacez ? À partir d'où, à quel niveau de profondeur êtes-vous quand vous effacez, rejetez la fleur, votre femme, vos dieux, votre vie économique ? Vous êtes bien obligé de vivre avec votre femme, vos enfants, et de vivre dans cette société si monstrueuse. Vous ne pouvez pas vous retirer de la vie. Mais dans la négation totale de la pensée, de la tristesse, du plaisir, vos relations sont tout autres et c'est ainsi qu'il faut un rejet total et non pas un rejet partiel qui consiste à conserver les objets qui vous plaisent et à rejeter ceux qui ne vous plaisent pas.

Et maintenant, comment allez-vous transmettre ce que vous avez pu comprendre à vos élèves ?

X. : *Vous avez dit que quand on enseigne et apprend par une même action, on se trouve dans une intensité de situation où l'on ne va pas déclarer : « Je vous enseigne quelque chose. »* Maintenant, ce processus d'effacement constant des marques de la pensée a-t-il un rapport quelconque avec l'intensité de la situation où l'on est en train d'apprendre et d'enseigner à la fois ?

K. : Évidemment. Voyez-vous, j'ai le sentiment qu'enseigner et apprendre, c'est la même chose. Que se passe-t-il ici ? Je ne vous enseigne rien — je ne suis pour vous ni un professeur ni une autorité ; simplement, j'explore et je transmets les résultats de mon exploration. Vous pouvez les prendre ou les laisser. Et la position est la même à l'égard de vos élèves.

X. : *Que doit donc faire le professeur ?*

K. : Vous ne pourrez le découvrir que quand vous exercerez cette négation constante. Avez-vous jamais essayé ? Cela se passe comme si vous ne pouviez pas dormir une seule minute pendant la journée.

X. : *Monsieur, non seulement cela demande beaucoup d'énergie, mais beaucoup d'énergie est libérée aussi.*

K. : Mais avant tout, il vous faut l'énergie nécessaire pour nier.

La compétition incessante

KRISHNAMURTI : Nous avons parlé de la manière d'établir une juste communication entre nous-mêmes et l'élève, et dans l'état de communion qui en résulte d'établir une atmosphère, un climat différent où l'élève se met à apprendre. Je ne sais pas si vous avez remarqué que si la frivolité est une chose contagieuse, le sérieux l'est aussi. Ce sérieux ne prend pas naissance parce que l'on a une figure grave et un cœur pesant. C'est un sérieux qui prend naissance quand nous sommes dans un état de relation et de communion.

Je crois qu'on peut parler d'apprendre seulement quand existe cet état de communion entre celui qui instruit et l'élève, comme entre vous et moi — mais je ne suis pas votre instructeur. Vous savez que le mot « communion » signifie communiquer, être en contact, transmettre un certain sentiment, le partager, et cela non seulement au niveau verbal mais encore au niveau intellectuel et même, plus profondément, d'une façon plus subtile. Je crois que le mot « communion » implique tout cela, et quand elle existe, à tous les niveaux, dans cette atmosphère, ce sentiment

Réponses sur l'éducation

d'être ensemble, n'est-il pas possible que l'enseignant comme l'élève apprennent tous deux ? Il me semble que c'est la seule attitude qui permette d'apprendre, et pas quand le professeur est assis sur une estrade et déverse des connaissances dans les oreilles. Pourrions-nous établir cette communion non seulement à l'égard de l'orateur, mais avec les arbres, la nature, le monde qui nous entoure, avec la beauté au lever du jour — établir ce sentiment de communion qui nous permet d'apprendre ?

Serait-il possible ce matin de discuter d'un sujet qui n'intéresse pas seulement l'instituteur professionnel mais l'être humain ? Parce que ce dont nous devons discuter est d'une immense signification. Notre civilisation tout entière, non seulement en Inde mais dans le reste du monde, est engagée dans un mécanisme de compétition, de réussite, d'ambitions à satisfaire. L'homme ambitieux, paraît être celui qui est universellement respecté — l'homme ambitieux, l'homme agressif, bien décidé à réussir par intrigue, par toutes sortes de manipulations, et à parvenir ainsi au sommet de la pyramide. Il règne cette éternelle concurrence, non seulement dans la salle de classe, à l'école, mais encore dans la vie quotidienne — l'attitude qui consiste à vouloir et à briguer toujours plus. C'est là le modèle établi de notre existence dans la civilisation moderne. Vous voyez partout prédominer la recherche de la réussite et c'est celui qui la poursuit qui est respecté, tout au moins dans le monde politique, et la même attitude prévaut à l'école. Vous dites à un des élèves qu'il n'est pas aussi brillant, pas aussi intelligent qu'un autre. Vous cajolez l'enfant, vous le stimulez, vous l'encouragez à rivaliser, à réussir, à parvenir à un certain niveau intellectuel. Vous êtes des adorateurs d'étiquettes.

Donc, il y a en vous une attitude innée qui est essentiellement compétitive et agressive ; celle-ci n'existe pas seulement dans la vie économique et sociale mais encore dans la vie religieuse. Il y a cette lutte éternelle pour grimper, rivaliser, comparer, à tous les niveaux de notre existence. Cette toile de fond où il y a toujours le supérieur et l'inférieur, l'acceptez-vous comme étant inévitable et persistez-vous à enseigner de la même manière ? Est-ce ainsi que l'on pourra véritablement apprendre ? Est-ce un état naturel à la vie ? Naturel, je n'emploie pas ce mot dans son sens premier, mais celle-là est-elle une vie culturelle ? Est-ce ainsi que vous vous proposez d'élever votre enfant ? Pensez-vous que ce soit la façon juste de vivre ? Je sais que c'est le modèle universellement accepté, mais est-ce le véritable chemin ? Et tout d'abord, cette volonté de rivaliser, cette comparaison, quels effets ont-elles sur l'esprit ! Pensez-vous apprendre en étant inspiré par une comparaison constante ? Regardons-y de plus près. Vous savez que c'est le modèle bien établi à tous les niveaux de notre être, à tous les états de notre vie, de comparer, d'avoir un but, de parvenir. C'est là toute la structure de notre existence. Quand vous voyez deux tableaux sur le mur, votre attitude est celle-ci : si le nom du peintre est célèbre, tout ce qu'il pourra peindre sera excellent, mais celui dont le nom est inconnu, son tableau sera toujours jugé inférieur. Cela se passe tout le temps, n'est-ce pas ? Est-ce une attitude qui peut entraîner la compréhension, et nous aidera à apprendre ? Je ne dois pas, pour autant, renoncer à la capacité de discriminer mais la comparaison aidera-t-elle toujours l'esprit à apprendre, à comprendre ? La comparaison est-elle un état d'esprit où l'on est en train d'apprendre ? Comment vous proposez-vous d'aider l'élève si lui autant que vous avez cette attitude de concurrence, de comparaison ? Parlons très simplement. Cette comparaison, comment affecte-t-elle l'esprit ? Que se passe-t-il dans un esprit comparant sans cesse, vivant pour la réussite, adorant le succès ?

X. : *Il s'épuise.*

K. : Vous regardez encore les effets, les résultats, mais vous n'êtes pas en train d'examiner l'esprit lui-même. Vous n'observez pas la nature de l'esprit lancé dans cette poursuite, cet esprit qui est sans cesse en état de mouvement, en état de concurrence. Regardez l'esprit lui-même quand il se conduit ainsi.

X. : *Si l'esprit se propose de tout mesurer à la lumière de la réussite, quand il ne réussit pas, il y a un état de frustration.*

K. : Vous continuez à avoir le regard tourné vers les résultats. C'est l'esprit lui-même auquel je m'attaque. Mais peut-être que les analogies sont fatigantes. La semence d'un chêne ne pourra jamais faire de celui-ci un pin. Vous dites : « Je ne sais pas quelle graine est la mienne mais je veux devenir un pin, ou bien je veux devenir un bouleau ou un chêne. » Nous ne connaissons pas la graine ni l'état de l'esprit lui-même mais nous nous préoccupons sans cesse de ce qui devrait être.

Cherchons à éprouver la chose plutôt que de la formuler verbalement. Nous vivons dans une constante compétition. Nous adorons le succès parce que nous avons le sentiment que si nous ne le poursuivons pas, nous demeurons dans la stagnation. Mais c'est une réaction hypothétique, ce n'est pas un fait véritable. Vous ne savez pas ce qui se passera.

Dès que vous voyez ce que vous êtes, quoi que ce soit, vous commencez à apprendre. L'eau est de l'eau, dans toutes les circonstances, qu'elle coule dans la rivière ou dans une simple boisson. Pour le moment, il n'existe aucune base à partir de laquelle nous puissions apprendre. Ce que nous faisons, c'est toujours ajouter et ajouter, et ce processus qui ajoute sans cesse, nous disons que c'est apprendre. Mais ce n'est pas apprendre.

Seul l'esprit qui est dans l'état de non-comparaison, où il a compris ce que la comparaison a d'absurde, seul un tel esprit peut établir une base à partir de laquelle il peut commencer à apprendre, dans le sens véritable du terme.

S'il existe ce point de départ, qui ne supporte ni déviations, ni aspirations vaines, c'est un fondement solide, et sur lequel on peut construire. Construire dans ce sens, c'est apprendre, c'est la structure même de l'apprentissage — et en apprenant de cette manière, l'action surgit, mais jamais la conformité. Par conséquent, jamais un sentiment de peur, jamais un sentiment de frustration.

Pouvez-vous aider vos élèves à apprendre de cette façon-là ? Pour qu'ils puissent apprendre, il faut que vous fassiez une différence complète entre le processus d'accumulation et le fait d'apprendre. C'est alors que se crée un être humain véritable et non pas une machine. Si vous ne vous en rendez pas compte, comment serez-vous d'une aide quelconque pour l'élève ? Pouvez-vous balayer toute mentalité de compétition d'un seul coup ? C'est-à-dire, êtes-vous capables d'effacer totalement la structure mentale de ladite société ?

Vous êtes des professeurs ; une nouvelle génération est entre vos mains. Voulez-vous qu'elle se perpétue dans la même ornière que jadis ? Si vous avez le sentiment que la société dans laquelle nous avons grandi est une chose pourrie, comment vous proposez-vous d'aider l'élève à créer un esprit nouveau où cette compétition monstrueuse n'aura pas de place ? Quels moyens allez-vous employer, jour après jour, pour veiller à ce que l'enfant ne soit pas englouti, noyé, dans cette société ? Qu'allez-vous faire, pas à pas, pour l'aider ?

X. : *On ne devrait pas élever l'enfant dans un milieu de luxe.*

K. : Où est le mal dans le luxe ? Il peut porter des vêtements propres, il peut être assis dans un fauteuil, être bien nourri. Pour moi, c'est le luxe, pour vous, non. Qu'est-ce que le luxe vient faire ici ? Vous êtes en train de légiférer, d'établir une idée toute faite de ce qu'est le « luxe ».

Parlez à l'enfant, non pas une fois par semaine, parlez-lui de tout cela tout le temps parce qu'il est conditionné d'instant en instant à être compétitif. Comment allez-vous l'aider à ne pas se laisser prendre à ce cercle vicieux fait de concurrence et de comparaison ?

X. : *En lui permettant de voir qu'il n'y a pas lieu pour lui d'avoir peur, comme individu, il est unique et il a quelque chose à apporter.*

K. : Si un individu prend conscience qu'il est unique au point que personne ne lui est semblable, en est-il réellement unique pour autant ? Il arrive avec tous les préjugés de ses parents. Où est le caractère unique de ce pauvre enfant ? C'est à vous de le dépouiller de tout son conditionnement ; êtes-vous capable de le faire ? N'est-ce pas votre fonction d'éducateur d'agir dans ce sens ? Cet enfant est votre responsabilité. Vous devez voir, bien voir la vérité de cela ; et vous devez le sentir avec force de sorte que vous pourrez le transmettre. Mais l'enfant peut ne pas sentir que c'est tellement nécessaire. Comment allez-vous mettre ce sentiment en commun avec lui de façon qu'il apprenne ? Comment allez-vous lui enseigner ou l'aider à apprendre en excluant tout esprit de rivalité ?

X. : *Je ne suis pas à même de partager le sentiment de l'enfant si déjà je n'ai pas ce sentiment en moi, et s'il est absent, j'ai l'impression d'avoir déjà détruit l'enfant.*

K. : Je vais vous le dire. Chaque cas comporte sa propre leçon. Vous n'avez pas le sentiment voulu parce que vous êtes vous-même dans l'engrenage de la compétition sociale. Est-ce que vous n'en faites pas partie quand il s'agit d'argent, de carrière, de prestige ? Tant que vous n'aurez pas un sentiment intense à ce sujet, qu'allez-vous faire ? Vous ne pouvez pas attendre jusqu'au moment où vous comprendrez totalement. Alors, qu'allez-vous faire ? Ne donnez pas de bons points à votre élève mais relatez pour vous-même sa façon de se comporter, comment il apprend, l'état de ses connaissances et ainsi de suite, mais ne le poussez pas à se comparer et ne l'aidez pas à rivaliser.

Résumons ce dont nous avons parlé. Apprendre véritablement commence quand l'esprit de compétition a cessé. Cet esprit de compétition est simplement un processus accumulatif, ce qui n'a rien à voir avec apprendre. Nous voulons que l'enfant apprenne et nous ne voulons pas qu'il se contente d'accumuler des connaissances comme une machine. Pour l'aider à apprendre, dans le principe même, et fondamentalement, il doit cesser d'être en concurrence, avec tout ce que cela implique. Une des manières de le faire, c'est de voir clairement la vérité de la non-comparaison.

Maintenant, comment allez-vous aider l'enfant à ne pas vivre dans une perpétuelle concurrence ?

X. : *Eh bien, tandis que j'enseigne les mathématiques, je réfléchis aux différentes façons de présenter le sujet pour qu'il soit intéressant. Il y a tant d'éléments à l'œuvre dans les relations avec les enfants, dans une chose de ce genre, et comment pouvons-nous les leur communiquer ? C'est un problème très vaste et nous ne pouvons en parler que partiellement.*

K. : Non. Vous ne saisissez pas le point de ma question. Quand je dis : « Qu'allez-vous faire ? », je ne parle pas seulement en termes d'action mais encore de sentiment. Ce ne sont pas deux choses différentes, l'action et le sentiment. Je vois très clairement que vouloir rivaliser est une chose destructrice, non pas seulement dans la salle de classe mais dans la vie tout entière. Voici un jeune enfant ; je voudrais l'aider à comprendre. Comment procéder ? Je peux lui parler. Je peux lui dire : « Mais regarde ce qui se passe dans la vie, il y a tant de misère, tant de conflits. » Parlez-lui de façon qu'il regarde mais sans susciter en lui des jugements de condamnation, sans créer certaines réactions. Représentez-vous le tableau. Voyez-le avec précision, comme vous verriez la ville de Londres ou la ville de Bombay sur une carte de géographie.

Aider l'élève à voir très clairement, c'est là le premier aspect de votre métier. Tâchez de lui transmettre par là un sentiment d'urgente nécessité. Ne cherchez pas à le convaincre, à l'influencer. Ne lui parlez pas en termes de jugement qui condamne, ou en termes d'approbation ou de persuasion. Montrez-lui le fait. Établissez le fait. Vous engagez votre relation avec lui grâce à une attitude rationnelle, en vous appuyant toujours sur les faits, et non pas avec une attitude romanesque, sentimentale ou émotive. Vous avez établi entre vous-même et lui un rapport juste. Vous vous occupez de faits, et votre relation est d'abord fondée sur une compréhension mutuelle du fait profondément corrupteur qu'est la volonté de rivaliser. Puis, lui et vous, vous vous asseyez ensemble et vous vous dites : « Qu'allons-nous faire dès maintenant, comment allons-nous agir concrètement ? »

Transmettre un sentiment de communion dépend entièrement de l'intensité de ce sentiment. Maintenant, vous avez établi le sentiment, la vérité, le fait que l'esprit de comparaison et de rivalité est un poison absolu. Mais vous n'avez pas encore transmis cela comme un fait à l'enfant. Ce doit être votre action initiale.

La peur

KRISHNAMURTI : En tant qu'éducateur, comment pensez-vous attaquer pour le résoudre le problème de la peur, du déracinement même de la peur, chez l'étudiant ? Pouvez-vous vous y prendre comme vous le feriez s'il s'agissait d'enseigner les mathématiques ? Avant de pouvoir aider un autre, il faut d'abord soi-même comprendre la peur, ce qu'elle implique et comment elle prend naissance. Tout comme vous connaissez le hindi ou tout autre sujet, il vous faut avoir certaines connaissances au sujet de la peur. La société fait tout pour inculquer la peur, en établissant des normes à suivre, des idéaux religieux, des distinctions de classe, le sentiment de l'inférieur et du supérieur, du riche et du pauvre. La société impose et cultive par tous les moyens des valeurs fausses.
    La question n'est pas seulement de veiller à ce que l'enseignant approfondisse sa connaissance de la peur mais encore de veiller à ne pas communiquer ce sentiment à l'élève tout en aidant celui-ci à en reconnaître les causes. Et pour vous enseignants, se peut-il que ce problème

ne se présente pas ? Nous avons bien peu d'amour dans nos vies, à recevoir mais aussi à donner. Je ne parle pas de l'amour dans un sens mystique mais d'un sentiment d'amour réel, de la compassion, de la générosité — d'une action qui n'émane pas d'un égocentrisme. Et comme vous avez très peu d'amour, qu'allez-vous faire vis-à-vis de l'élève, comment comptez-vous l'aider à avoir une telle flamme ?

La religion a-t-elle un sens quelconque pour vous ? Pas les cérémonies, mais le sentiment religieux, le sentiment de bénédiction, le caractère sacré d'une chose ?

La religion, la peur, l'amour, ne sont-ils pas intimement reliés ? Vous ne pouvez comprendre l'un sans comprendre l'autre. Il y a la peur, il y a cette révoltante pénurie d'amour — de sa passion, je veux dire, de son intensité — et puis, il y a ce sentiment de bénédiction qui n'est pas simple récompense, qui n'est pas le prix d'une action vertueuse, qui n'a rien à voir avec les organisations religieuses.

Faites-vous une promenade le soir, et avez-vous remarqué ces villageois qui traversent leurs champs ? Et quelle beauté se dégage de tout ? Chacun d'eux est tout à fait inconscient de la beauté de la terre, des collines, de l'eau ; pour lui qui rentre dans sa maison malsaine, il n'y a rien... Il y a la peur, il y a l'immense problème de l'amour et le sentiment de sympathie dont vous êtes pénétré quand vous voyez passer le paysan dans sa pauvreté. Ne sentez-vous pas surgir en vous une immense émotion, une sorte de désespoir devant cette misère colossale ? La faculté de recevoir et de donner existe, celle de ressentir, d'avoir de la générosité, de la bonté, d'être humble. Qu'est-ce que cela signifie pour vous ? Comment allez-vous éveiller le sens de cette chose en vous-même, ou l'éveiller chez un autre ? Peut-il y avoir une approche qui ne soit pas une compréhension critique isolée, mais une compréhension totale — de la peur, de l'amour, du sentiment religieux ?

Quelle doit être alors mon approche ? Dois-je procéder en prenant un à un chaque problème, prendre isolément la peur, l'examiner, puis me mettre à étudier l'amour ? Comment faire pour capter le tout ?

Si vous avez le sentiment d'un son, vous avez le sentiment d'un chant, et si vous avez le sentiment du silence entre les sons, vous avez la joie du mouvement d'un chant.

Le chant n'est pas uniquement le mot, uniquement le son, c'est la combinaison particulière du son, du silence et de la prolongation du son. Pour comprendre la musique, il faut assurément la compréhension de l'ensemble. De la même façon, la peur est-elle un problème isolé qui doit être compris seul et l'amour également un problème isolé, et le sentiment religieux, aussi ? Ou bien, y a-t-il une façon d'aborder le tout, l'ensemble de ces choses ?

Avez-vous jamais observé une goutte de pluie qui tombe ? Cette goutte contient toute la pluie en elle, tout le fleuve, tout l'océan. Cette goutte fait le fleuve et fait les ravins, elle creuse le Grand Canyon, elle devient une chute d'eau vibrante, grondante comme le tonnerre. De la même façon, mon esprit peut-il contempler à la fois la peur, l'amour, la religion, Dieu, comme un

Réponses sur l'éducation

mouvement plutôt que comme l'objet d'une introspection isolée, d'un examen analytique, d'une dissection ?

X. : *Quelle est la relation entre la peur et l'amour ?*

K. : Si j'ai peur, comment serai-je capable d'éprouver de la compassion, pour qui que ce soit ? L'homme ambitieux ne sait rien de la terre et de la fraternité humaine. L'homme ambitieux est étranger à l'amour. Et l'homme qui a peur, peur de la mort, peur de ce que son voisin pourrait dire, peur de sa femme, peur de perdre sa sécurité, sa situation, peut-il être sensible à autrui ? L'un exclut l'autre.

X. : *Nous agissons toujours par fragments et c'est par fragments que nous nous efforçons de saisir le tout.*

K. : Qu'est-ce qui pourra transformer la peur ?

X. : *Comprendre.*

K. : Qu'est-ce qui produit la transformation et qui doit présider à la transformation ? J'ai observé mon esprit qui dit : « J'ai peur », et je voudrais saisir ce à quoi mon esprit s'efforce d'atteindre. Qu'est-ce que l'effort et qui est l'auteur de l'effort ? À moins de creuser la question très à fond, se contenter de dire : « Je dois me débarrasser de la peur » a très peu de sens.

Il y a la peur, il y a l'amour et ce sentiment d'immensité. Je peux analyser la peur, pas à pas. Je peux en pénétrer les causes et les effets. Je peux me demander pourquoi j'ai peur et qui est celui qui fait l'effort, et si celui qui fait l'effort est autre chose que l'effort lui-même. Je peux me demander s'il existe un esprit capable d'observer l'effort, l'auteur de l'effort, et l'objet sur lequel il porte son effort, d'observer objectivement mais aussi intérieurement. Malgré tout, la peur persiste, cachée. Je peux examiner très analytiquement la question de la religion, des dogmes, des croyances, de la superstition, mais à la fin de mon analyse, je suis toujours au même point. J'ai appris des techniques d'analyse et, à la fin de celle-ci, mon esprit est devenu tellement aiguisé qu'il peut suivre chaque mouvement de la peur, mais la peur, tapie, est toujours là.

À présent, quelle est la nature d'un esprit qui absorbe le tout et d'un seul trait en extrait l'essentiel et élimine ce qui est sans valeur ? Il faut une approche susceptible de donner une compréhension totale, un sentiment de totalité, grâce auxquels on pourra alors aborder chaque problème.

Suis-je capable de saisir le sens total d'une chose, l'amour, la peur, la religion — ce sentiment extraordinaire de l'immensité, de la beauté — et capable après d'aborder chaque problème individuellement ? Vous avez vu des arbres. Saisissez-vous l'arbre dans son ensemble ou bien vous contentez-vous de regarder la branche, la feuille, la fleur ? Voyez-vous la totalité de l'arbre en vous-même ? Parce que, après tout, l'arbre c'est la racine, la branche, la fleur, le fruit, la sève, l'arbre en son entier. Êtes-vous capable de saisir ce sentiment, la portée, la beauté de l'arbre comme un tout ? Alors vous regarderez la branche. Une observation conduite de cette façon aura une portée immense.

La prochaine fois que vous regarderez un arbre, voyez sa forme, sa symétrie, sa profondeur, le sentiment qui s'en dégage, sa beauté, la qualité de l'arbre perçu en son entier. Je parle du sentiment de la totalité. De la même façon, vous avez un corps, vous avez des sentiments, des émotions ; il y a l'esprit, les souvenirs — les traditions conscientes ou inconscientes, les siècles d'impressions accumulées, le nom de famille. Pouvez-vous en avoir une vue qui les englobe ? Si vous ne sentez pas dans leur ensemble toutes ces données, mais que vous vous contentez de disséquer vos émotions, c'est une attitude triste, puérile. Pouvez-vous sentir en vous-même que cela est un tout et, ce sentiment étant présent, vous attaquer à la peur ?

La peur, c'est un problème immense. Alors, pour rencontrer l'immense, ne vous faut-il pas y apporter une immensité d'esprit ?

X. : *Ce n'est pas toujours possible, monsieur. Souvent, nous nous perdons dans nos problèmes immédiats.*

K. : Mais si une fois vous avez ce sentiment de l'immensité, toute la vie prend une coloration différente, une qualité différente.

X. : *Nous ne sommes conscients de cette immensité que par moments.*

K. : Je ne crois pas que vous ayez jamais pensé à tout cela, n'est-ce pas ?

X. : *Si, de temps en temps, par hasard, en me détachant de l'immédiat et en regardant la totalité.*

K. : Ce n'est pas ce que je veux dire. Je veux dire avoir un sentiment qui recouvre le temps tout entier, sans m'attacher à aujourd'hui, demain, un jour suivant l'autre, mais le sentiment du temps global. Penser en fonction de l'humanité, de l'univers, du monde entier, c'est un sentiment extraordinaire. Et à partir de ce sentiment, peut-on aborder un problème particulier ? Autrement, nous aboutirons toujours à un chaos intellectuel et émotif.

Où se trouve la difficulté ? Est-ce une incapacité, une étroitesse de l'esprit, des occupations portant sur l'immédiat, des préoccupations immédiates de l'enfant, du mari, de la femme, et qui ainsi prennent tout votre temps, et vous n'avez pas celui de penser à l'ensemble ? Prenez le mot « immédiat », en fait, il n'y a rien d'immédiat. L'immédiat est une chose qui n'a pas de fin. Vous en faites un problème « immédiat » ; mais ce problème est le résultat des innombrables journées écoulées et des innombrables lendemains qui se préparent. L'immédiat en lui-même n'existe pas. Il y a la peur, l'amour et la soif d'immensité qui habitent l'homme. Pouvez-vous saisir une certaine qualité de ce sentiment et à partir de là, vous dire : « Je vais regarder la peur ? »

Quelle est la signification de la peur ? Et comment pouvez-vous aider l'élève ? Vous devriez préparer l'élève pour la vie dans sa totalité. La vie est une chose extraordinairement vaste et quand vous vous servez du mot « vie », cela comprend tous les océans, et les montagnes, et les arbres, et toutes les aspirations humaines, et les souffrances humaines, les désespoirs, les luttes, toute cette immensité. Êtes-vous capable d'aider l'élève à saisir cette immensité de la vie ? Ne devez-vous pas l'aider à y être sensible ?

Est-ce que certains d'entre vous méditent ? Il ne s'agit pas simplement de rester assis immobile, d'examiner le cheminement de l'esprit mais aussi de solliciter le conscient et l'inconscient, d'avancer encore dans le silence et de voir ce qui se passe quand on va de plus en plus loin. Si vous ne le faites pas, est-ce que vous n'êtes pas en train de manquer une grande part de la vie ? La méditation est une forme de perception de soi-même, une forme de découverte, une façon de briser avec la tradition, les idées, les conclusions ; c'est un sens de complète solitude — qui est celui de la mort. Avec ce sens de la totalité, pouvez-vous aborder l'immédiat ?

Cherchons à être un peu plus pratique. Comment allons-nous nous y prendre pour aider l'élève à se libérer de la peur ?

X. : *Eh bien, je voudrais veiller à ce que mes rapports avec l'élève soient amicaux. Ce serait stupide de parler de la peur si je n'avais pas avec lui des rapports amicaux. Ensuite, je créerais des situations à la fois concrètes et intellectuelles où il aurait l'occasion de comprendre ce que la peur signifie vraiment, de comprendre les causes et les effets, parce qu'il faut que l'esprit soit aiguisé, et je verrais si je peux le pousser à ressentir cette totalité de point de vue et de sentiment.*

K. : Tenons-nous-en au fait. Pendant les cours, comment allez-vous enseigner ? Comment allez-vous aider l'élève à comprendre ? Il y a un écart, une distance, entre l'enfant et ce sentiment de totalité. Comment pourriez-vous induire ce sentiment ?

X. : *Il devrait être possible d'éveiller en lui une curiosité d'espèce subtile ; ce que j'aimerais faire, c'est l'amener ensuite à apprécier la qualité dans le travail, dans un jeu bien joué, dans les mathématiques ou dans d'autres sujets. Je chercherais à découvrir quels sont ses intérêts, ses réactions et si je pouvais progresser, je verrais si quelque chose de plus peut se passer.*

K. : Vous aurez fait là les choses évidentes qui sont nécessaires. Vous lui parlerez, vous lui montrerez comment la peur prend naissance et tout le reste, et après ? En restant dans le domaine des faits, comment vous proposez-vous

Réponses sur l'éducation

d'aider l'élève à s'affranchir de la peur ? Il me semble que c'est là le problème réel. S'il se présente une occasion, seriez-vous, vous-même, dans un état méditatif, un état de réflexion, de réflexion et d'harmonie intérieure, susceptible d'aider peut-être l'élève à voir clairement ce qu'est la peur ? Vous voyez fort bien que c'est la chose nécessaire mais cette nécessité-là, vous la laissez en suspens.

En fait, que feriez-vous ? Comment vous y prendriez-vous en pratique ?

X. : *La méditation aiderait l'esprit à agir dans cette situation.*

K. : J'ai peut-être un sentiment à ce sujet. Alors, comment vais-je traduire ce sentiment en action ? Que vais-je faire avec cette douzaine d'enfants ?

X. : *Le sentiment s'exprimera de lui-même. C'est un lien d'amour avec les enfants qui pourra aider.*

K. : Tout d'abord, ayez en vous cette affection, puis profitez de chaque occasion pour aider l'élève à se libérer de la peur, lui en expliquer les causes ; utilisez chaque incident pour lui montrer comment il a peur, et pendant les cours, en enseignant l'histoire ou les mathématiques, lui en parler. Mais après ? Avançons.

X. : *Et puis en faisant ainsi, il nous faut être en éveil pour voir si ce qui est fait d'une part n'est pas défait d'autre part.*

K. : Quel est l'effet global chez l'enfant de tout ce que vous avez dit, et du fait de votre affection, et de vos explications ? Est-ce que cela ne va pas le pousser à regarder en lui-même et quelle en sera la conséquence pour lui ?

X. : *Ça l'aide à faire face à certains de ses problèmes immédiats.*

K. : Vous avez aidé l'élève à porter un regard sur lui-même, vous l'avez aidé à prendre conscience de cette peur et à se tourner vers l'intérieur, dans ce sens qu'il devient plus conscient de la peur. Mais il faut que vous mainteniez l'équilibre par autre chose.

X. : *Voulez-vous dire, monsieur, que ce processus de perception interne doit créer chez l'enfant des complications ?*

K. : Forcément, cela conduit à un certain sentiment de conscience de soi : « Ce que je fais est bien ou mal ? » Il aura certainement une nervosité ou un sentiment de sa propre importance, celui de vouloir se manifester en disant : « Moi, je suis sans peur. » Comment allez-vous équilibrer un tel état d'esprit ? Pensez-y, utilisez votre intelligence avec beaucoup de soin. Arrivé à ce point-ci, il me semble que le problème exige une nouvelle façon d'être abordé, autrement vous allez pousser l'enfant, par un état d'attention concentrée, à devenir conscient de soi, arrogant, affirmatif, et à avoir un point de vue autoritaire.

X. : *Il devrait y avoir une occasion pour l'enfant d'être sensibilisé à l'égard d'autres éléments qui ne sont pas intérieurs.*

K. : Il me semble que, inconsciemment, vous allez renforcer son égotisme, un sentiment de son importance, une façon de s'affirmer, d'être agressif et rude.

Jusqu'à présent, vous vous êtes adressé au mouvement de son esprit. Mais comme la marée s'avance la marée se retire aussi... Quand elle demeure, c'est comme ces flaques d'eau qui restent sans reflux dans une baie. Mais si la marée doit avoir aussi un mouvement vers l'intérieur, alors elle doit avoir aussi un mouvement vers l'extérieur. Jusqu'à présent, vous ne vous êtes adressé qu'au mouvement intérieur. Comment allez-vous aider l'élève à s'extérioriser ?

X. : *Dès que vous avez parlé de ce mouvement extérieur, j'ai eu le sentiment que je ne regardais pas du point de vue de la totalité mais que je n'avais en vue que le développement d'un mouvement partiel.*

K. : Si je ne vous y avais pas poussé et poussé encore, vous faisant voir que votre réponse était partielle, vous n'auriez pas bougé. Vous ne parlez que du mouvement intérieur mais il s'agit d'un mouvement de flux et de reflux à la fois intérieur et extérieur. C'est un mouvement que vous n'avez traité que dans une direction et vous ne savez pas comment traiter le double mouvement, intérieur et extérieur, comme étant en réalité un seul et même mouvement.

X. : *Mais n'est-il pas possible, dès le commencement, d'observer à la fois le mouvement intérieur et le mouvement extérieur ?*

K. : Et quel est le mouvement extérieur qui pourra nous donner l'équilibre ?

X. : *Non seulement l'équilibre mais un certain sentiment d'humilité qui surgit par moments.*

K. : Il y a les collines, les arbres, le fleuve, les sables — voilà le mouvement extérieur.
   La nature vous a donné toute cette beauté — les fleuves, les arbres, cette terre aride. Il faut donc qu'il y ait mouvement à la fois extérieur et intérieur, mouvement infini...

Enseigner et apprendre

X. : *Nous nous rendons compte que nous ne pouvons pas voir un fait si notre esprit est occupé par la pensée. Mais, même s'il est vide temporairement, il semble que la pensée resurgisse toujours. Comment y mettre fin ? Pouvons-nous en discuter ?*

KRISHNAMURTI : Je me demande si nous comprenons tous l'importance du rôle joué par la pensée. La pensée est-elle importante, et à quel niveau l'est-elle ? Qu'est-ce que penser ? Qu'est-ce qui nous pousse à penser ? Quand la pensée est-elle importante et quand ne l'est-elle pas, et comment faites-vous pour répondre à cette question ? Enfin quel est le mécanisme qui se déclenche quand une question est posée ?

La pensée n'est-elle que la réaction habituelle à un modèle habituel ? Vous vivez ici dans cette école, dans une certaine ornière, pris dans certains modèles de pensées, d'habitudes, de sentiments. Vous vivez, vous fonctionnez dans ces habitudes, ces modèles, ces systèmes, et le fonctionnement du cerveau, de la pensée, est très limité. Quand vous quittez cette vallée, votre pensée se meut dans un champ un peu plus vaste, mais vos actions suivent aussi certaines ornières et vous vous y tenez. Tout cela, en fait, ne représente qu'un processus mécanique mais dans ce modèle d'activité, il y a certaines variations. Vous modifiez, vous changez, mais toujours au sein de ce système, où que vous soyez, quelle que soit votre situation — que vous soyez ministre, gouverneur, docteur, professeur — c'est toujours une ornière avec des modifications variables. Vous fonctionnez d'après ces modèles. Je ne dis pas que ce soit bien ou mal, simplement j'examine ce qu'il en est. De plus, vous avez des croyances mais elles sont à l'arrière-plan et vous poursuivez vos activités quotidiennes, en y mêlant l'envie, l'avidité, la jalousie. Si vos croyances sont mises en doute, vous en éprouvez de l'irritation mais vous continuez. Les enfants sont dressés par l'éducation à penser, à former des ornières d'habitudes et à fonctionner dans ces ornières pendant le reste de leur vie. Ils parviendront à des situations, ils seront ingénieurs, docteurs, et pour toujours, le modèle sera institué.

Toute déviation de ce programme devient cause de trouble. Mais ce qui dérange et apporte le trouble, se trouve atténué par le mariage, les responsabilités, les naissances d'enfants ; ainsi, petit à petit, le moule est construit. Toute la pensée se déplace dans le même cadre : entre ce qui est avantageux et ce qui ne l'est pas, ce qui est bénéfique, ce qui vaut la peine — tout se passe toujours dans ce champ-là.

X. : *Mais, monsieur, ce n'est pas penser, c'est une répétition.*

K. : Mais nous vivons ainsi, c'est bien là notre vie. C'est tout ce que nous désirons. Tout n'est que répétition et l'esprit s'engourdit et devient de plus en plus stupide. N'est-ce pas un fait, monsieur ? Nous ne voulons pas de ce qui nous dérange, nous ne voulons pas faire voler ce moule en éclats.

Qu'est-ce qui nous fait faire une brèche ou briser le moule ? Est-il possible de ne pas tomber dans une ornière ? Mais pour quelle raison devrais-je mettre fin à cette construction de modèles ? Je commence à y songer, à partir du moment où le modèle ne me satisfait plus, quand il ne m'est plus utile, ou bien quand il s'accompagne de certains incidents pénibles tels qu'un décès, un mari qui quitte sa femme, ou qui perd sa situation. Dans la destruction de ce modèle particulier, il y a un trouble que l'on appelle souffrance et je m'en éloigne pour m'intégrer à un autre modèle.

Je passe d'un modèle à un autre, d'un cadre à un autre, quittant celui que les circonstances, mon environnement, ma famille, mon éducation m'ont imposé pour en adopter un autre. Le trouble survenu fait que je me pose bien quelques questions, mais immédiatement, je tombe dans une nouvelle ornière et m'y installe. C'est là ce que la plupart des gens désirent, ce que désirent les parents, et ce que la société désire.

À présent, où intervient cette idée de mettre fin à la pensée ?

X. : *Monsieur, il y a des moments où l'on est mécontent du modèle et de tout son contenu.*

K. : Qu'est-ce qui nous fait voir la vanité de ce modèle ? Quand est-ce que je m'en aperçois, qu'est-ce qui me pousse à l'apercevoir ? Un modèle s'installe quand existe un mobile. Si je brise ce modèle à cause d'une autre motivation, c'est celle-ci qui donnera forme au nouveau modèle.
Maintenant, qu'est-ce qui m'incite à devenir différent, qu'est-ce qui peut m'inciter à faire quelque chose sans être motivé ?

X. : *Il est très difficile d'être exempt de tout mobile.*

K. : Qui vous dit de vous en libérer ? Si c'est tellement difficile, pourquoi vous préoccuper de briser le modèle ? Soyez satisfait de votre mobile, continuez d'agir avec lui, pourquoi vous mettre en peine si c'est si difficile ?

X. : *Cela ne me mène nulle part, monsieur.*

K. : Mais si cela menait quelque part, vous le poursuivriez ?

X. : *Cela voudrait dire qu'il y a un nouveau mobile.*

K. : Qu'est-ce qui vous pousse à briser avec tout cela et à renoncer au mobile ? Qu'entendez-vous par mobile ? Vous enseignez ici parce que vous gagnez de l'argent et c'est un mobile. Vous aimez quelqu'un parce qu'il peut vous aider dans votre situation, ou vous aimez Dieu parce que la vie vous est haïssable. Votre vie vous paraît misérable et l'amour de Dieu vous sert d'évasion. Ce sont tous là des mobiles.
Qu'est-ce qui peut amener un être humain à vivre sans mobile ? Si vous êtes capable d'enquêter sur ce point, je suis certain que vous trouverez une réponse à votre question.

X. : *Cette question : « Est-ce que je connais mes propres mobiles ? » semble précéder la question : « Est-ce qu'il m'arrive de faire quelque chose sans qu'il y ait un mobile ? »*

K. : Connaissons-nous nos mobiles ? Pourquoi est-ce que j'enseigne ? Pourquoi est-ce que je tiens à un mari, à une femme ? Est-ce que je connais mes mobiles et comment vais-je les découvrir ? À supposer que je les découvre, où est le mal si j'en ai ? J'aime quelqu'un parce que j'aime vivre avec cette personne physiquement, sexuellement, pour jouir de sa compagnie — où est le mal ?

X. : *Quand j'enseigne parce que j'ai besoin de gagner de l'argent, mon mobile n'est pas un* empêchement. *Il me faut de l'argent, donc il me faut une profession et j'ai choisi l'enseignement.*

K. : Tout d'abord, connaissons-nous nos mobiles, non seulement nos mobiles conscients mais les mobiles inconscients, ceux qui sont cachés ? Nous arrive-t-il de faire quoi que ce soit dans la vie sans qu'il y ait un mobile ? Faire quelque chose sans mobile, c'est aimer ce que l'on fait. À ce moment-là, la pensée n'est plus un processus mécanique ; le cerveau est dans un état d'apprentissage constant où il est dégagé d'idées préconçues. Il ne va pas d'un savoir à un autre savoir. C'est un esprit qui va d'un fait à un autre fait. Par conséquent, un tel esprit est capable d'arriver à un terme et de rencontrer quelque chose qu'il ne connaît pas — et c'est ce que signifie être libéré du connu.

Au commencement, vous avez demandé : « Comment mettre fin à la pensée ? » et j'ai répondu : « Pour quoi faire ? » Nous ne savons même pas ce qu'elle est et nous ne savons pas comment penser. Nous pensons toujours en fonction des modèles que nous avons. Donc, à moins d'avoir examiné et compris tout ce qui a été évoqué, nous ne pouvons absolument pas poser la question : « Comment mettre fin à la pensée ? »

X. : *Mais comment pouvons-nous examiner la pensée et nous demander comment penser ?*

K. : Non seulement nous demander comment penser mais aussi nous demander ce qu'est la pensée. Puis-je, en tant qu'être humain, en tant qu'individu, découvrir comment procède ma pensée ? Est-elle mécanique, est-elle libre ? Est-ce que je sais ce qui agit en moi ? Pour mettre fin à la pensée, il faut d'abord que j'en observe le mécanisme. Il me faut comprendre la pensée d'une façon complète, telle qu'elle est enfouie en moi profondément. Il me faut examiner chaque pensée sans permettre à l'une d'entre elles de s'évader avant d'avoir été comprise complètement, de façon que le cerveau, l'esprit, tout mon être soit très attentif.

Si je poursuis, dès l'instant qu'elle survient, chaque pensée complètement, je la verrai alors s'achever d'elle-même. Je n'ai rien à faire pour y changer quoi que ce soit parce que la pensée est mémoire. La mémoire, c'est la trace que l'expérience laisse derrière elle et tant qu'une expérience n'est pas pleinement comprise, il subsiste une marque. Mais dès l'instant où j'ai ressenti une pensée complètement, cette expérience ne me marque plus. Donc, si nous suivons chaque pensée, et nous nous rendons compte où s'inscrit la marque, et si nous restons avec cette marque comme avec un fait — l'éclosion de ce fait fera que le mouvement de pensée où j'étais engagé prendra fin. Tout ce qui est pensé, tout ce qui est senti sera compris. Ainsi, le cerveau et l'esprit se trouvent libérés d'une masse de souvenirs. Mais cela exige une immense attention, non seulement une attention tournée vers les arbres, les oiseaux, mais une attention intérieure, veillant à ce que chaque pensée soit comprise.

X. : *Ce paraît être un cercle vicieux. L'esprit est occupé à s'extraire d'un certain modèle de pensée et afin de comprendre ce processus, il lui faut une certaine sensibilité qu'en réalité il n'a pas.*

K. : Prenez une pensée, n'importe laquelle, approfondissez-la. Voyez pourquoi elle vous est venue, ce qu'elle implique, comprenez-la et ne la quittez pas avant d'avoir mis au jour ses racines.

X. : *Ce ne peut être fait que si l'instrument employé est sensible.*

K. : Tandis que vous examinez une pensée particulière, vous commencez à comprendre l'instrument qui sert à votre examen. À ce moment-là, ce qui est important, n'est pas tant la pensée que celui qui l'observe. Cet observateur est lui-même la pensée qui dit : « Voilà une pensée que je n'aime pas, ou au contraire, voici une pensée qui me plaît. » Ainsi, vous attaquez le noyau même de la pensée et non pas simplement ses manifestations. Puisque vous êtes un enseignant, comment vous proposez-vous de créer ou de susciter chez l'élève l'observation attentive, un regard qui examine sans jugement ?

Si vous me permettez de vous le demander, comment enseignez-vous ? Quel est l'environnement, quelles sont les conditions, l'atmosphère où il est possible d'enseigner et d'apprendre ? Vous enseignez, mettons l'histoire, et l'élève apprend. Quelle est l'ambiance, la qualité d'atmosphère qui règne dans la salle où a lieu votre enseignement ?

X. : *Il règne une certaine atmosphère quand l'élève et l'enseignant font tous deux attention.*

K. : Je ne veux pas me servir de ce mot « attention ». Si l'on apprend quelque chose de son professeur, quelle est la nature de cette communication, celle qui consiste à recevoir et enseigner ? Pour qu'une fleur puisse croître, il lui faut de la pluie. Vous me comprenez ?

X. : *Pourrions-nous aborder la question négativement ?*

K. : De toutes les façons que vous voudrez. Je vous demande d'enseigner un sujet scientifique. Quelle est l'ambiance qui règne dans la salle où vous enseignez un tel sujet ? Quand l'instructeur comme l'élève apprennent et enseignent ? Quelle est la qualité qui est nécessaire ? Quelle est l'ambiance, le parfum de la chose ?

X. : *Un entourage calme et tranquille.*

K. : Vous êtes idéaliste et moi pas. Il n'existe pas le moindre idéal en moi, je veux simplement apprendre le fait. Vous, vous vous écartez du fait. C'est cela que je n'aime pas. Quand vous enseignez et qu'eux, dans la salle de classe, sont en train d'apprendre, quelle est l'ambiance ? La qualité de l'ambiance est le fait.

X. : *Un état d'amitié qui règne entre l'enseignant et l'élève.*

K. : Vous ne regardez pas le fait en face. Vous enseignez et vous savez aussi que si l'étudiant doit apprendre, il faut qu'il existe une certaine qualité et je demande quelle est cette qualité ? Avez-vous jamais passé par un état où vous avez ressenti cette qualité ? Où il y a une communication réciproque et où enseigner, c'est également apprendre ?

X. : *Dans les débuts, je pensais que quand j'enseignais, je transmettais un certain nombre de faits à l'élève. Mais maintenant, je comprends qu'en enseignant, j'apprends aussi. Ceci arrive à des moments assez rares, quand il y a une sorte d'exploration, quand le professeur et l'élève explorent ensemble.*

K. : Et comment se caractérise la relation quand a lieu cette exploration réciproque ? Quelle est l'ambiance ? Quels sont vos rapports ? De quels mots vous serviriez-vous pour exprimer cet état qui rend la communication possible ?

X. : *La curiosité.*

K. : Quel est le sujet que vous enseignez ?

X. : *Le hindi.*

K. : Les enfants ont le désir de savoir et vous avez le désir d'enseigner. Donc, quelle est l'atmosphère qui en résulte ? Qu'est-ce qui se passe ?

X. : *Les enfants m'écoutent.*

K. : Vous dites que les enfants vous écoutent. Vous avez le désir de leur dire quelque chose. Alors, qu'est-ce qui s'est passé ? J'aimerais tant vous voir examiner cela.

X. : *Il y a un état d'éveil.*

K. : Je voudrais approfondir la question un peu plus. Dès le moment où vous avez parlé d'être en éveil, vous avez déjà établi un cadre. Ce que j'essaie de faire est de nous empêcher, vous et moi, d'arrêter une définition.

X. : *Quand le but est présent, et que ce but est d'apprendre et d'enseigner, les deux agissent en même temps : il en résulte un état de mouvement, de fluidité, et temporairement, cet état est un peu différent de tous les autres états que je connais.*

K. : Il règne une certaine attention quand l'instructeur et l'élève ont tous deux un élan les poussant chacun à vouloir enseigner et apprendre. Il vous faut créer un sentiment, une certaine atmosphère dans la pièce. En ce moment, nous avons créé un certain climat — parce que moi, je voudrais découvrir et vous aussi, vous le désirez. Est-il possible de maintenir un tel climat qui seul permet à la fois d'enseigner et d'apprendre ?

Nous avons commencé en demandant comment communiquer ce sens d'enquête, d'examen de la pensée, et des mobiles, à l'élève. Je vous ai demandé comment vous enseigniez. Autrement dit, comment vous transmettez quelque chose. Aussi, je vous ai demandé ce qui se passe quand vous en venez véritablement au point d'enseigner. Quelle est l'ambiance qui règne quand vous enseignez ? Est-ce une ambiance détendue ou une ambiance tendue ? Si vous n'avez pas examiné votre propre pensée, le mécanisme de votre pensée, il est impossible de transmettre ce sentiment de recherche et d'examen à votre élève. Mais si vous l'avez fait en vous-même, vous créez forcément cette ambiance autour de vous. Et j'ai l'impression que cette ambiance, c'est la qualité essentielle, nécessaire, à la fois pour enseigner et pour apprendre.

X. : *Vous avez dit que la définition d'un fait est entièrement différente du fait ressenti directement. Vous avez aussi demandé : « Avez-vous jamais fait quelque chose parce que vous l'aimez et sans*

Réponses sur l'éducation

qu'il y ait un but intéressé ?» Mais comment peut-on, sans examiner ces mobiles et toutes leurs ramifications, parvenir au cœur d'une question ?

K. : C'est précisément là où je cherchais à en arriver. Voir quelque chose d'une façon globale est l'achèvement du temps, sa compréhension. Peut-on voir s'il existe un mobile dans l'enseignement, à n'importe quel niveau ? La vie est un processus constant d'enseignement et d'apprentissage : rendu impossible s'il y a un mobile et dès l'instant où il y a un mobile. Maintenant, regardez soigneusement ce qui se passe : dans la nature même de l'enseignement et de l'apprentissage, il y a humilité. Vous êtes celui qui instruit et vous êtes aussi celui qui apprend. Dès cet instant, il n'y a plus d'élève et d'instructeur. Il n'y a pas de *gourou* ou de *sishya :* il n'y a plus qu'apprendre et enseigner. Ce phénomène se déroule en moi. J'apprends et aussi je m'enseigne à moi-même ; c'est un processus unique et global. C'est important, et cela procure une vitalité, un sentiment de profondeur qui ne peut exister s'il y a mobile. Parce que l'acte global que forment l'enseigner et l'apprendre est l'important, toute autre chose est d'importance secondaire, et ainsi le mobile disparaît. Ce qui est important chasse ce qui ne l'est pas. Dès lors, les difficultés ont disparu. Je n'ai pas besoin d'examiner mes mobiles jour après jour.

X. : *Tout cela n'est pas très clair pour moi, monsieur.*

K. : Tout d'abord, la vie est un processus où l'on apprend constamment. Il ne s'agit pas de dire : « J'ai appris » pour se laisser aller ensuite. La vie est un processus où l'on apprend sans cesse, et je ne peux pas apprendre quand j'ai un mobile. Si cela m'est très clair à savoir que la vie est un processus où l'on apprend, alors aucun mobile n'a plus de place. Le mobile a sa place quand vous utilisez votre savoir pour obtenir quelque chose. C'est ainsi que le fait essentiel chasse toutes les trivialités secondaires et, parmi elles, le mobile.

X. : *Devrait-il toujours y avoir un intérêt porté à ce qui est essentiel en tant que fait ?*

K. : Mais le fait est la chose essentielle. La vie est la chose essentielle. La vie, c'est « ce qui est ». Autrement, ce n'est pas la vie. Quand le mobile n'existe pas, alors « ce qui est » existe. Si vous pouvez comprendre le fait de la souffrance, une « autre » chose apparaît. Et vous ne pouvez pas aboutir à cette « autre » dimension sans comprendre le mobile, c'est-à-dire le non-essentiel.

X. : *Donc, on ne saurait se préoccuper de l'essentiel.*

K. : Comprenez le fait qui est important. Approfondissez-le. Si vous êtes ambitieux, soyez complètement ambitieux. Qu'il n'y ait pas d'arrière-pensée, soyez ambitieux ou bien voyez le fait de l'ambition. Les deux sont des faits, et si vous vous mettez à examiner un des faits, faites-le complètement. Si vous creusez le fait complètement, il commencera à livrer ce que recèle l'ambition. Le fait de l'ambition commencera à dérouler son contenu et, en fin de compte, l'ambition n'est plus.

La plupart des gens religieux ont inventé des théories au sujet des faits. Mais ils ne comprennent pas le « fait ». Ayant établi une théorie, ils espèrent qu'elle tiendra le fait à distance, elle ne le peut pas. Donc, ne vous efforcez pas d'établir un fait essentiel. Voyez comme vous glissez facilement dans une action fausse. Il n'y a pas de fait essentiel, il n'y a que le fait — vous voyez ce que je veux dire ? — un fait qui ne se conforme pas à un autre fait. Dès l'instant où il y a conformisme, ce n'est pas un fait. Si vous observez un fait à partir d'un point de repère, vous demandant ce que vous pourriez retirer de ce fait, jamais vous ne le verrez. Regarder le fait, voilà la seule chose qui importe. Il n'y a pas de fait supérieur ou inférieur. Il y a le fait. C'est une constatation implacable. Si je suis un homme de loi, je suis un homme de loi, je n'ai pas à trouver d'excuse pour l'être. Voir ce fait, le creuser, en voir les mobiles, le dévoiler dans toute sa complexité, et après s'en trouver dégagé. Mais si vous dites : « Je dois toujours dire la vérité », c'est un idéal, c'est une prise de position fausse. Donc, ne vous écartez pas du fait que vous estimez être dénué d'importance pour vous tourner vers le fait que vous considérez comme le plus important. Il n'y a que le fait, pas de moins ou de plus. Il s'opère vraiment quelque chose en vous si vous regardez la vie de cette façon. Vous rejetez toute illusion, tout gaspillage de l'énergie psychique, cérébrale, d'un seul coup. L'esprit œuvre dans la précision, sans être induit en erreur, sans haine, sans hypocrisie. Il devient alors clair à l'extrême, plein d'acuité. C'est ainsi qu'il faut vivre.

L'esprit bien fait

KRISHNAMURTI : Je crois que la plupart d'entre nous avons une vue assez pénétrante de tout ce qui se passe dans le monde. En contemplant les processus historiques, la révoltante parodie de la paix, on en vient forcément à se demander quel sens a la vie. Il y a la mise en esclavage de masses de gens, la corruption règne et la démocratie est sujet de discours. Les religions ont fait long feu, il ne subsiste que les superstitions. Il y a le poids mort que constituent la tradition, les innombrables gourous, marchands de bonnes paroles, moines, astrologues. Il y a la misère, la dégradation, l'existence vécue dans la saleté sordide. Aussi le sentiment de profond désespoir. Alors, devant cette immense souffrance, et en regard de tout, quelle est notre réponse ? Certains prétendent que ce qui est nécessaire n'est pas un nouveau système ou une nouvelle philosophie, mais plutôt un nouveau type de dirigeants. Un nouveau type d'homme qui disposerait d'une immense autorité, puisée non seulement dans l'État, mais dans la propre puissance de son idéal. Mais cherchons-nous de nouveaux chefs ? Ce dont nous avons besoin, c'est d'être libérés des « leaders ».

Quand on contemple cette confusion sans bornes, l'étranglement de l'économie, ce déséquilibre général, et que l'on vient ici, à Rishi Valley, que peut accomplir une école de cette sorte ? se dit-on. Que peut et doit-elle faire ? Pouvons-nous en discuter ? Mais non pas en tant qu'idéal, parce que les idéaux, peu importe l'espèce, sont nuisibles. Les idéaux nous empêchent de regarder les faits et seule une préoccupation constante du fait, seule la compréhension du fait peut libérer une énergie qui est le mouvement dans la bonne direction.

Les idéaux ne font que donner naissance à diverses formes d'évasions. Considérons ensemble tout cela et voyons ce que nous pouvons faire, ici, dans cette école.

Agir ainsi n'est pas se détourner de ce qui est si vaste pour considérer ce qui est ridiculement petit, car cette école reproduit, en miniature, ce qui se passe dans le monde entier. En voyant le chaos destructeur, la misère, la souffrance, j'ai la conviction qu'il ne reste qu'une seule réponse à cet état de choses, et c'est la création d'un nouveau type d'esprit.

Ce qui est essentiel, c'est un esprit différent, qui donnerait son regard à tous les problèmes et trouverait une solution, laquelle ne serait pas de nature justement à créer de nouveaux problèmes. Je pense qu'une éducation bien conduite entraîne un esprit bien fait, un développement total de l'homme et il me semble que c'est là le problème majeur, non seulement dans cette vallée, mais dans le reste du monde. Comment peut-on don-

Réponses sur l'éducation

ner naissance à un esprit bien fait ? Un esprit qui saisisse toutes ces corrélations, et qui, ne se contentant pas du niveau superficiel, soit capable de pénétration ? Il me semble que le problème de l'éducation est de voir s'il est possible de cultiver une intelligence qui ne serait pas le résultat de la seule influence, une intelligence qui ne se limiterait pas à l'acquisition de certaines techniques et à la faculté de gagner sa vie. Ces choses font partie de l'éducation mais, assurément, elles n'en sont pas l'unique fonction. Comment allez-vous élever un enfant de façon qu'il puisse faire face à la vie et ne pas simplement se conformer aux modèles pré-établis de la société, à certains modes de conduite ? De façon à lui permettre d'aller plus loin et plus profondément dans le problème entier de l'existence ?

Je ne sais pas si vous vous êtes jamais demandé ce qu'est un esprit bien fait ? Est-ce un esprit qui est capable de retenir ce qu'il lit et qui fonctionne à partir de sa mémorisation ? C'est une chose que le cerveau électronique fait merveilleusement bien. Il solutionne à une rapidité étonnante certains des problèmes mathématiques les plus compliqués. A ce qu'on m'a dit, il fonctionne de la même façon que le cerveau humain accomplissant tous les calculs que l'on désire.

Est-ce un esprit bien fait celui qui répète comme un gramophone ce qu'on lui a inculqué ? Mais c'est bien là notre éducation, n'est-ce pas ? Un élève apprend des faits, des dates, dans le but de les répéter une fois par an, quand il passe des examens. Peut-on dire que c'est en cela que consiste la culture d'un esprit bien fait ? Pourtant n'est-ce pas ce que pratiquent la plupart d'entre nous dans leur enseignement ? Ainsi le simple fait d'ajouter à nos connaissances, qui est en réalité une culture de la mémoire, n'est qu'un processus additif, il ne donne pas naissance à un esprit clair et bien fait, n'est-ce pas ? Négativement, on voit très bien que la simple culture de la mémoire ne suscite pas un esprit bien fait bien que la plus grande part de notre existence en soit tributaire. Certes, la mémoire est nécessaire. Il faut avoir une très bonne mémoire pour se souvenir de certaines choses, pour être un bon technicien. À partir de quel moment est-ce que la mémoire interfère et entrave un esprit capable par lui-même d'explication, de recherche, de découverte ? À quel moment est-ce que la mémoire est une entrave à la vraie liberté ?

Je ne sais pas si vous avez jamais pensé à l'homme qui a inventé l'avion à réaction. Il avait d'abord à comprendre tout le problème du moteur à piston. Il fallait le connaître, mais l'ayant connu à fond, il fallait le mettre de côté de façon à découvrir du nouveau. Les spécialistes, jusqu'au moment où ils découvrent véritablement quelque chose de nouveau, ne font que prolonger une technique plus compliquée, plus au point. Mais si un homme se propose d'inventer quelque chose de neuf, il doit abandonner l'ancien.

X. : *Monsieur, vous avez dit que la perception d'un fait conduit à une connaissance dans la bonne direction tandis que l'idéal ne conduit qu'à des évasions. Pourriez-vous expliquer cela plus clairement ?*

K. : Comment les idéaux prennent-ils naissance et quelle est la nécessité d'un idéal ? L'idéal de ce qui devrait être, lequel, évidemment, nous éloigne du fait, limite l'esprit et lui donne une qualité statique. Si un enfant ne fait que se conformer à certains idéaux, aux paroles qui lui sont adressées par certains de ses professeurs, ou à celles de son père, de son grand-père, de son oncle, et ainsi de suite, cela restreint l'énergie et met limite à la connaissance. Tout conformisme limite la connaissance. Si je suis professeur d'art et que j'apprends à mes enfants comment copier, c'est-à-dire imiter, cette attitude ne les conduit vraiment pas à une perception créatrice, n'est-ce pas ? Maintenant, voyons ce qui se passe quand il y a perception d'un fait. Je me rends compte, par exemple, que je suis bête ; il y a perception, prise de conscience du fait que je suis bête. Autrement dit, je ne donne aucune explication, je n'exprime aucune opinion au sujet de cette bêtise et par là, je ne cherche pas à m'évader par des explications. L'observation d'un fait, quand elle ne s'accompagne d'aucune tentative de justification ou de condamnation, met en liberté une immense énergie. Or, peut-il y avoir une libération de l'énergie quand il y a conformisme, respect d'un mobile ou simple acceptation ? Et peut-on fonctionner dans le cadre de cette acceptation ?

X. : *Physiquement, il y en a.*

K. : Est-ce qu'il y a une énergie physique libérée par le conformisme ? Quel est le mobile qui se cache derrière cette extraordinaire tendance, en chacun de nous, de se conformer à un modèle ? Qu'est-ce qui nous pousse à une telle attitude ? C'est très évidemment un désir de sécurité, n'est-ce pas ? Sécurité dans vos rapports avec votre femme, votre mari, ou la bonne opinion du public, d'un ami. Tout cela indique un désir non seulement de sécurité économique mais de sécurité mentale intérieure, de certitude, n'est-ce pas ?

X. : *Cette soif de sécurité, c'est un désir d'atteindre à la paix de l'âme ?*

K. : Il me faut une certaine sécurité. Il faut que j'aie une situation. Si je n'étais pas certain d'obtenir mon prochain repas, je ne pourrais pas être assis ici à vous parler. Mais est-ce que ce désir de la paix de l'âme signifie que nous devons admirer un esprit incapable d'être jamais troublé ? Et pourquoi notre esprit ne serait-il pas troublé ? Où est le mal si nous sommes troublés ? La plus grande partie du monde est troublée. Pourquoi ne le serions-nous pas, nous ? Celui qui affirme : « Je ne veux pas et je ne dois pas être troublé » n'est-il pas en réalité un esprit mort ? Il ne peut exister d'état où l'esprit s'affirme parfaitement en sécurité. Il n'existe aucun esprit qui soit tellement assuré de ne jamais être troublé. Néanmoins, je crois que c'est ce genre d'esprit que la plupart d'entre nous voudraient bien avoir.

Nous nous conformons sans cesse. Si vous aviez un fils, vous aimeriez le voir se conformer au modèle social, parce que vous n'avez pas envie qu'il devienne un révolutionnaire. Donc, je vous demande ce qui se cache derrière cette soif de sécurité, de certitude, et cette espérance où entre aussi le désespoir ?

Nous y reviendrons d'une façon différente mais simplement je me demande pourquoi cette tendance existe ? Est-ce une affaire de peur ? J'ai peur d'être incapable de m'occuper de ma famille et, par conséquent, je me cramponne à ma situation. J'ai peur que ma femme n'ait plus d'affection pour moi, ou mon mari ; je possède certains biens et j'ai peur que ces biens me soient enlevés. Derrière toutes ces menaces, il y a un sentiment de peur et un désir d'être en sécurité.

X. : *Mais nous ne pouvons nous sentir en sécurité que quand il n'y a plus de peur.*

K. : Attendez une minute. Est-ce là une chose possible ? Vous savez ce qu'est la peur ? Si la plupart d'entre nous étions libres de toute peur, savez-vous ce qui se passerait ? Nous ferions exactement tout ce que nous aurions envie de faire. La peur nous retient, n'est-ce pas ? Mais nous demandons si un esprit qui a peur, qui est engagé, sera jamais en complète sécurité ? Je puis avoir une bonne situation, aimer ma femme ou mon mari, mais est-ce que je me sens en sécurité quand cette peur persiste en moi ? Être sans peur — c'est un état extraordinaire — c'est être libre de ce problème du désir de sécurité. Est-il possible, pour un esprit, de comprendre la peur, d'en être libéré ? Si oui, alors, quoi qu'il fasse, il ne peut qu'accomplir l'action juste.

Comment éduquerez-vous un groupe d'enfants de façon qu'ils soient exempts de peur ? Cela ne veut pas dire qu'ils pourront faire tout ce qui leur plaira mais qu'ils seront libres de tout sentiment d'appréhension et d'angoisse.

Ce fait ne sera-t-il pas de nature à dégager une énorme énergie ? Comment allez-vous vous y prendre pour éduquer l'enfant ? Vous avez peur et vous voyez que la peur entretient le tourment. C'est la forme de destruction la pire de toutes. Quelle éducation permet à un enfant d'être sans peur ? Que peut faire l'enseignant pour que cela se traduise dans son action ? S'agit-il de permettre à l'enfant de penser librement ? Vous voyez l'importance qu'il y a à être sans peur, parce que c'est une véritable mort que de vivre dans un état de peur ; que cette peur soit consciente ou inconsciente, elle perturbe l'esprit. Comment allez-vous aider un enfant à ne pas avoir peur et néanmoins à vivre parmi les autres ? Il ne peut pas faire tout ce qui lui plaît, il ne peut pas dire : « Je n'ai pas besoin de suivre ce cours parce que je suis sans peur. » Alors, qu'est-ce qui va rendre un enfant, un élève libre ? Qu'est-ce qui va lui donner cette profonde impression d'être libre ? Non pas de faire tout ce qui lui chante, mais d'être libre ? Si l'enfant sent que vous vous occupez vraiment de lui, que vous êtes pour lui plein de sollicitude, qu'il est complètement tranquille avec vous, en complète sécurité avec vous, qu'il n'a pas peur de vous, alors il vous respecte et il vous écoute parce qu'il a en vous une confiance entière. Il est alors en paix avec ce que vous lui dites. Donc, ouvrez-lui la porte qui lui permettra d'être sans peur. Comment allez-vous vous y prendre ?

Tout d'abord, il faut établir une relation entre vous et l'élève, lui laisser sentir que, sincèrement, vous êtes soucieux de son bien-être, qu'il peut réellement se sentir chez lui avec vous, et qu'ainsi il se trouve être complètement à son aise et en sécurité. Ce n'est pas une théorie, ce n'est pas une idée. Qu'allez-vous faire si votre élève rate un examen ? Un élève n'est peut-être pas aussi vif de compréhension qu'un autre et, néanmoins, il faut qu'il apprenne. Comment allez-vous l'encourager sans introduire la crainte ? Si vous affirmez qu'un garçon vaut mieux qu'un autre, c'est créer la peur. Comment allez-vous éviter tout cela et néanmoins aider l'enfant à apprendre ? Cet enfant vient d'un foyer où il a été élevé différemment. Toute sa vie est axée sur la réussite, le succès, et il arrive ici avec tout son arriéré basé sur la peur et l'idée de compétition. Comment allez-vous l'aider ?

X. : *Vous pouvez l'aider à apprendre selon ses capacités individuelles.*

K. : Avançons lentement. Comment faire ?

Cette école est entre vos mains. C'est à vous d'en faire quelque chose. Enseigner est une œuvre créatrice. Ce n'est pas simplement une chose qui s'apprend puis se répète. Comment allez-vous enseigner aux enfants de votre cours, à ces enfants pour lesquels vous avez un sentiment d'amour ? Souvenez-vous que leur préoccupation à eux n'est pas d'apprendre. Ils veulent s'amuser, jouer au cricket, regarder les oiseaux et, de temps en temps, s'emparer d'un livre. Le fait est qu'ils sont enclins à aller au plus facile. Si vous vous en remettez à eux, plus vous les aurez sécurisés, plus ils vous exploiteront. Alors, comment allez-vous les aider à apprendre ? Il vous faut découvrir des façons d'enseigner et c'est ainsi que se dégagera en vous l'énergie qui saura mettre en jeu les moyens de rendre les sujets intéressants pour l'enfant.

Avant d'aller plus avant avec un enfant, quel est votre attitude d'esprit au moment de l'aider à étudier des sujets qui, au fond, ne l'intéressent pas ?

X. : *C'est un désir en vous de partager ce que vous savez avec l'enfant.*

K. : J'ai le désir de voir ces enfants apprendre parce que cela fait partie de l'existence. Or l'enfant ne peut apprendre que s'il n'a pas peur. Il faut que j'instruise l'enfant de manière à ce qu'il apprenne sans connaître la peur, autrement dit, il faut que je sois rempli à exploser de ce sentiment de vouloir partager avec l'enfant ! Savez-vous ce qu'éprouve celui qui veut partager quelque chose avec un autre ? Cela en soit déjà paraît être le sentiment juste. Savez-vous ce que cela implique ? Le fait est que j'en sais plus, l'enfant moins, et j'ai ce sentiment qu'il faut qu'il apprenne et qu'il doit être capable de partager. Nous sommes tous deux en train d'apprendre, ce qui veut dire que tous deux, nous passons par une expérience, ensemble. L'enfant et moi alors sommes déjà dans un état de communication, et dès que se sont établis les rapports justes, la communication juste entre moi-même et l'enfant, il va apprendre parce qu'il a confiance en moi.

X. : *L'enseignant peut beaucoup aimer l'enfant mais celui-ci peut aussi pourtant ne pas avoir envie d'apprendre, ne pas se sentir intéressé.*

K. : J'en doute. Quand l'enfant a confiance en vous, croyez-vous qu'il ne soit pas prêt à apprendre un sujet que vous désirez lui enseigner ? Ce que nous cherchons à faire, c'est créer une relation. Si celle-ci peut s'établir, ne serai-je pas alors capable de transmettre à l'enfant qu'il est important d'apprendre un certain sujet ?

Ce matin, quand nous avons commencé à causer, il n'y avait aucune communication entre l'orateur et l'assistance. Maintenant, nous avons établi une sorte de communication et nous tentons d'élaborer un sujet ensemble. Ne pouvons-nous pas faire de même avec les enfants ?

Par la négation

KRISHNAMURTI : Quelle est selon vous l'éducation juste ? Pas celle qui concerne un groupe particulier d'enfants — ceux des classes aisées ou des classes pauvres, ceux des villes ou des campagnes — mais celle qui s'adresse tout simplement à des enfants.

Les machines sont en train de prendre en charge le travail humain et il doit en résulter une augmentation des loisirs. Il y aura des cerveaux électroniques, des machines qui se dirigeront elles-mêmes. L'être humain jouira d'un temps libre considérable, peut-être pas tout de suite mais dans cinquante ou cent ans. En tenant compte des progrès de la technique, de la systématisation croissante, et compte tenu de l'autoritarisme et de la tyrannie qu'on laisse s'affirmer dans le monde, quelle devrait être selon vous l'orientation de l'éducation ? Que doit-on véritablement considérer comme le sens intégral du développement humain ? Que voulez-vous voir l'étudiant découvrir pour lui-même ?

Ces questions sont-elles vaines ? En y pensant sérieusement quelle est votre réaction ? Les machines seront investies du travail. Un instructeur parfait, qui excelle dans sa propre discipline, peut déjà donner un enseignement à toute une classe et ses instructions peuvent être enregistrées sur bandes magnétiques pour être ensuite distribuées à travers le monde ; par la suite, un professeur ordinaire peut les utiliser et instruire ses élèves. Ainsi la responsabilité d'un enseignement de qualité peut être retirée des mains individuelles — même si le besoin de professeur peut subsister. Vous allez peut-être répondre que ce qui peut se passer dans cinquante ans n'est pas votre problème immédiat. Mais un éducateur vraiment digne de ce nom doit se préoccuper non seulement de l'immédiat mais se préparer à l'avenir — l'avenir n'étant pas le jour d'après, ni mille jours après demain — mais bien la tendance en devenir de cet extraordinaire développement de l'esprit. J'ai l'impression que vous vivez au jour le jour. Les problèmes immédiats sont brutaux, fatigants, et vous vous dites : « Pourquoi me préoccuper de ce qui va se passer plus tard ? » Mais si vous avez un enfant, si vous êtes un professeur qui a des élèves, à moins d'appréhender tout cela d'une façon globale, vous ne pouvez pas ne pas voir et comprendre le sens de l'éducation. Que va-t-il se passer quand vous aurez éduqué tous ces jeunes gens et ces jeunes filles ? Les jeunes filles se marieront et se perdront dans le vaste monde. La société les absorbera. Dans quel but leur éducation ? Quant aux garçons, ils auront des situations ; et pourquoi les éduquer pour les pousser à se faire une place dans cette société pourrie ? Leur apprendre comment se comporter, comment être doux, bienveillants, est-ce là le fin but de l'éducation ? Considérez le tableau d'ensemble de ce qui se passe dans le monde, et pas seulement ce qui se passe en Inde. Ayant devant les yeux ce tableau complet, l'ayant bien compris, que vous efforcez-vous de faire ?

À moins d'avoir une réponse totale et de prendre cette question comme un tout, se contenter d'améliorer les méthodes d'enseignement par-ci par-là, n'a que peu de sens. Le monde est en flammes et, étant vous-même un homme instruit, il vous faut avoir une réponse juste à ce problème. Étant un être humain, il faut que vous puissiez y répondre et si vous détenez une réponse, si vous percevez le mal dans sa totalité, alors quand vous enseignez les mathématiques, la danse ou le chant, cela a un sens.

Pr : *Monsieur, si je n'ai pas vis-à-vis d'une chose ce sentiment global dont vous parlez, croyez-vous qu'il puisse naître si je m'efforce de faire quelque chose et si je le fais bien ?*

K. : Je veux que vous soyez concret.

Pr : *En étant toujours ponctuel, en connaissant bien ma technique, en étudiant chaque sujet avant d'enseigner, en faisant la chose parfaitement, cela va-t-il m'aider à connaître ce sentiment de totalité ?*

K. : Peut-on l'espérer ? C'est une chose essentielle que d'être ponctuel, d'étudier un sujet avant d'enseigner — c'est entendu. Vous demandez ensuite si cela peut conduire à une perception totale de ce dont nous parlons ?

PR : *J'ai l'impression que c'est probable — mais ce n'est pas une certitude — quand j'étudie quelque chose avec une attention intense.*

K. : Vous vous écartez de la question de votre comportement, être ponctuel et tout ce qui s'en suit, pour parler d'« attention ». Qu'entendez-vous par attention ? Il se peut que je donne un certain sens au mot attention et qu'il n'en soit pas de même pour vous. Je vais travailler mes mathématiques et je serai ponctuel. Je serai très calme, plein d'affection et de tendresse, j'encouragerai mon élève, je le détournerai d'une attitude compétitive. Selon vous, c'est bien là être un esprit attentif ?

PR : *Monsieur, il me semble que oui. Aider un élève à ne pas chercher à rivaliser s'accompagne d'une certaine qualité d'attention.*

K. : Et qu'est-ce que cela veut dire ? Vous n'êtes pas seulement attentif à l'égard de votre sujet et de votre rapport avec l'étudiant, mais attentif à la nature, aux événements mondiaux, aux tendances mondiales ; et pas seulement aux corruptions individuelles et aux aspirations individuelles, mais à l'état d'esprit collectif. Mais si vous prétendez être attentif, parce que vous êtes ponctuel, cela n'a pas de sens.

Ne pouvez-vous pas poser la question différemment ? Est-il possible d'avoir cette compréhension totale sans qu'existe en vous aucune peur ? Est-ce que ce n'est pas en discutant de la possibilité d'une telle compréhension et de sa découverte que nous serions à même de nous tourner alors vers les activités quotidiennes au lieu de faire le contraire ? Comment envisagez-vous cette discussion ? D'où dérivons-nous notre énergie ? En absorbant une certaine quantité de nourriture, nous disposons d'une certaine vitalité, mais la vitalité n'est pas ce qui nous fait vivre, fonctionner et être conscient. D'où et comment tirons-nous notre énergie, notre énergie psychique, l'énergie directrice, son élan ? Pour la plupart des gens, cette énergie leur vient d'un but qu'ils se sont assigné, d'un ego, d'une vision qu'ils entretiennent, un idéal, une chose qui doit être accomplie, un résultat qu'il faut obtenir. Tout cela peut procurer une énergie étonnante. Regardez tous les saints et les politiciens : l'aspiration au succès engendre chez eux une énergie énorme. L'homme qui a un idéal en vue et se figure que cet idéal doit prendre réalité sur terre fera le tour de la terre si c'est nécessaire. Il obtient son énergie psychique malgré les difficultés de son corps, parce qu'il est nécessaire pour lui de faire ce qu'il a en tête, parce qu'il pense que c'est pour le bien des gens, et il en tire une surabondante énergie. Et s'il ne réussit pas, il est déçu, déprimé, malheureux, mais il surmonte le tout et poursuit son chemin. L'énergie de la plupart des gens leur vient de ce qu'ils cherchent un résultat, elle est nourrie par leur désir d'aboutir à une situation, de parvenir à un idéal ou de réaliser une ambi-

Réponses sur l'éducation 207

tion. Elle leur vient accompagnée de déceptions, de frustrations, de désespoir. C'est en cela que réside la destruction de l'énergie.

Si vous êtes préoccupé de divinité, vous désirez créer le dieu le plus beau du monde et vous allez au bout de vous-même, vous vous épuisez, et quand l'élan montre sa futilité et se tourne en désespoir, vous voilà déprimé. C'est ainsi qu'à une énergie vivante vous opposez une énergie négative qui est dépression, souffrance ; ainsi est entretenue une contradiction.

PR : *Mais, monsieur, l'énergie n'est-elle pas détruite lorsque l'on ne s'intéresse pas à ce qu'on fait ? Par exemple, un jardinier que son jardinage intéresse trouve là une grande énergie. N'est-ce pas là une énergie véritable, alors que l'autre n'est pas une énergie du tout ?*

K. : Le pauvre jardinier est également déprimé s'il n'obtient pas ce qu'il désire. Vous êtes en train de lier l'intérêt à l'énergie, et le manque d'intérêt au manque d'énergie. Ils sont rares parmi nous ceux qui s'intéressent véritablement à ce qu'ils font.

La plupart d'entre nous tirent leur énergie d'un désir de sécurité, d'idéaux à accomplir, d'un résultat escompté, de l'achèvement d'une ambition et ainsi de suite. Pour la plupart d'entre nous, c'est en cela que réside l'énergie. Pour l'homme qui passe son temps à faire le bien, ses activités lui procurent une immense énergie et quand il ne réussit pas, il est au désespoir — les deux vont toujours de pair. Cette énergie-là entraîne toujours avec elle de la dépression et de la frustration.

Si l'on se rend compte que cette forme d'énergie est destructrice, n'est-on pas porté à se demander comment découvrir une énergie qui ne soit pas entachée de désespoir, de dépression et de frustration ? Une telle énergie existe-t-elle ?

On connaît l'énergie ordinaire avec ses enchevêtrements et l'on voit bien l'énergie produite par la recherche d'un résultat : or si, en voyant cela, on l'écarte, est-ce que ce rejet même n'entraîne pas la question de savoir s'il n'existerait pas une autre forme d'énergie, qui, elle, ne s'accompagne pas de désespoir ? Tel est le problème. Pensez-y un peu. Réfléchissez et nous retournerons à notre première question. À la vision de ce monde en flammes, de ce monde plongé dans la plus complète confusion — et où chaque politicien s'efforce de le rapiécer et dont chaque pièce est toujours trouée — à la vision de cette situation totale, nous nous devons de répondre aussi totalement. Et vous, en tant qu'éducateur, quelle est votre réaction ? Répondez-vous avec l'énergie qui est destructrice ou avec celle qui ne détruit pas ?

PR : *Mais quelle est cette énergie qui n'est pas accompagnée par l'ombre de la destruction ?*

K. : Ne posez pas cette question. Ne posez jamais une question positive. Posez toujours une question négative afin de trouver une réponse positive qui ne soit pas le produit de l'opposé.

Quelle est cette énergie totale ? Serait-il bon

pour nous de décrire cette énergie totale et non destructrice et suis-je capable de la décrire ? À supposer que j'en donne une description, est-ce que cela ne resterait pas pour les autres sur le plan verbal purement théorique ? L'énergie devient une chose destructrice dès l'instant où vous en faites votre objectif. Le désir d'y accéder devient le but en vue duquel vous luttez et si vous n'y parvenez pas, vous êtes au désespoir. Ainsi, votre question était une fausse question et si l'on n'est pas très attentif, il s'ensuivra une réponse fausse. Donc, que devrait être la question suivante : « Comment allez-vous m'aider à ressentir cette énergie totale ? » Si je pouvais vous aider, vous dépendriez de celui qui vous aide et peut-être que celui qui vous aide se trompe ? Alors, comment faut-il poser la question ?

PR : *Est-il possible par la communication de faire l'expérience de cette énergie totale dans le présent ?*

K. : Il est possible de poser la même question d'une façon différente. Vous posez tout le temps une question de façon positive au sujet de quelque chose que vous ne connaissez pas. Votre question n'est pas en relation avec le problème. Donc, comment faudrait-il poser la question ?

PR : *Vous voulez dire que la question juste serait de dire : « Quand j'aperçois la nature destructrice de cette énergie... ? »*

K. : Voyez la nature fausse de cette énergie destructrice, c'est en soi la réponse. Vous ne pouvez pas aller au-delà de la nature destructrice de cette énergie, et dire ce qu'est l'autre... Tout ce que vous pouvez demander est ceci : « Est-il possible d'arrêter cette énergie destructrice autocréée ? » Vous ne pouvez pas examiner l'énergie d'une façon positive, il faut aborder la question négativement — avoir une compréhension du fait qui soit négative et non positive afin d'atteindre à un contact avec l'autre — parce que cette autre énergie, vous ne la connaissez pas. Donc, votre approche doit se faire par la voie négative, dans ce sens que vous voyiez la nature de fait de cette énergie qui est autodestructrice.

Est-il possible de comprendre en usant d'une voie négative ? Puis-je apprendre une technique, et l'esprit peut-il se libérer de cette technique sans chercher récompense ? Parce que, alors, l'esprit est ouvert à un nouveau mode d'énergie.

Le monde tout entier est plongé dans le chaos le plus complet, dans la confusion la plus complète. Pour disposer d'une réponse totale en regard, il vous faut une énergie d'une qualité différente de celle que vous appliquez usuellement à un problème. La façon habituelle d'aborder un problème est en termes d'espérance, de peur, de réussite, d'accomplissement et ainsi de suite, avec le désespoir qui l'accompagne. C'est une évidence. Ce sont tous là des faits psychologiques. Ici, nous sommes devant un sujet qui touche le monde, et ce n'est pas avec l'énergie du désespoir que nous devons l'aborder, mais avec une énergie que le désespoir ne contamine pas.

Réponses sur l'éducation 211

Pour avoir un contact avec cette énergie qui n'est pas destructrice, l'esprit doit être libéré de l'énergie du désespoir. Voici un problème qui est mondial et comment allez-vous y répondre ? Allez-vous donner une réponse d'idéaliste, animé par l'intention, le désir, le sentiment du « Voilà l'action qui s'impose ? » Si c'est le cas, c'est que votre réponse est basée sur l'énergie du désespoir. Ou bien est-ce avec une énergie d'un tout autre ordre que vous envisagez le problème ? Si votre regard porte sur la totalité du problème avec cette nouvelle espèce d'énergie, votre réponse sera juste.

PR : *Mais je voudrais parler encore un peu de la communication de ce sentiment auquel vous faites allusion : que par l'éducation que nous donnons, nous contribuons à perpétuer cette énergie du désespoir, d'où la nature désespérante d'une telle éducation. Pouvons-nous donner une éducation dans le sens habituel du mot et, néanmoins, avoir aussi accès à l'autre espèce d'énergie ? Quelqu'un qui est attaché à enseigner une certaine discipline peut-il l'enseigner parfaitement en ayant pourtant ce sentiment d'un tout ? Peut-il le faire sans mobile, avec une attention entière consacrée à ce qu'il fait et avec un sentiment d'amour ? Est-ce que cette attitude peut aider l'esprit à s'ouvrir à la nouvelle source d'énergie ?*

K. : Vous introduisez des suppositions, ce ne sont pas des faits. Voyez-vous, vous n'avez pas d'amour. Par moments, il y a une déchirure dans le nuage et vous apercevez une lumière brillante mais cela n'arrive que rarement. Vous ne traitez pas avec les faits, vous traitez de suppositions. Si vous étiez en rapport avec les faits, alors vous auriez pu répondre.

L'affirmation principale ne suffit pas. « Il m'arrive de faire vraiment attention, il m'arrive d'aimer sans rien attendre en échange. » Cela peut vous arriver par moments mais il vous faut le faire pendant les trois cent soixante-cinq jours de l'année et non pas un jour occasionnel.

PR : *Tel que je vois les choses, tout ce que j'arrive à faire, c'est de toujours essayer d'insérer un « plus ».*

K. : Vous ne pouvez pas introduire le « plus » dans le « moins ». Vous ne pouvez pas introduire ce qui crée dans ce qui est destructeur. Il faut que l'énergie destructrice cesse complètement pour que l'élément créateur prenne naissance.

Vous avez le temps, vous avez le loisir voulu pour méditer et sans tomber dans une attitude sentimentale, vous devez découvrir l'énergie destructrice en vous-même. C'est un processus constant d'éveil, où l'on garde la fenêtre toujours ouverte à ce qui est autre. C'est un processus entier poursuivi tout le temps.

Il y a un climat psychologique qui est nécessaire. C'est-à-dire une relation établie en enseignant, ce qui exige une subtilité. Vous ne pouvez pas avoir de la subtilité, de la souplesse si vous avez un but. Si toute votre pensée est orientée à partir d'une conclusion, de l'expérience que vous donne l'acquisition de nombreuses techniques,

Réponses sur l'éducation 213

vous ne possédez plus de souplesse, ni de subtilité.

Avez-vous jamais parlé à quelqu'un qui est profondément retranché derrière un idéal ou un dogme ? Il n'a ni souplesse ni subtilité. Pour permettre ces qualités, l'esprit ne doit pas s'attacher à une ancre.

P<small>R</small> : *Est-il possible d'adapter les circonstances afin de permettre à cette souplesse et à cette subtilité de prendre naissance ? Il n'est pas toujours possible de créer un tel état d'esprit dans une organisation.*

K. : Comment peut-on s'abstenir de créer antagonisme ou résistance dans les rapports avec autrui ? Comment peut-on susciter le sentiment d'égalité ? Et si vous êtes capable d'établir ce sentiment, quel est le pas suivant ? Y a-t-il un pas suivant ?

Tout d'abord, est-il possible d'établir une confiance mutuelle au sein d'une organisation ? Il faut beaucoup d'intelligence pour le faire à la fois de ma part et de la part des autres.

P<small>R</small> : *Comme vous l'avez dit, le problème est de savoir comment établir des relations sans qu'il y ait un sens du plus haut et du plus bas, et avec l'attention éveillée à ce sentiment de totalité.*

K. : Ce sentiment global, nous ne le connaissons absolument pas. Mais nous connaissons la nature destructrice de certaines formes d'énergie et l'esprit essaie de s'en dégager.

Nous savons qu'il faut qu'il y ait égalité. Et cette égalité est refusée là où il y a des divisions, des cliques, quand on ne fonctionne qu'au niveau de l'économie, et quand il n'y a aucune compréhension de la nature de l'énergie destructrice. Ce n'est pas une égalité économique qui doit être établie mais une égalité à tous les niveaux. Si nous n'établissons pas ce droit depuis le commencement, et ne l'établissons pas aussi en nous-mêmes, nous n'avons pas de contact. Pouvons-nous passer un certain temps à examiner comment établir un état d'égalité dans ce sens-là et non pas l'égalité de la technique ? Pouvons-nous nous réunir pour établir entre nous ce sentiment d'égalité où toutes les différences ont disparu ? Alors, nous sommes libres. Nous devons être tout à fait certains qu'au moins quelques-uns d'entre nous sont en train de marcher sur la route... Certains d'entre nous peuvent alors avancer lentement, d'autres peuvent alors avancer vite, mais la direction est la même, et la direction est la qualité. C'est en vérité tourner le dos aux valeurs du monde. Si vous voyez clairement les effets mutilants de l'énergie du désespoir, vous devez forcément y renoncer. Si votre compréhension est vivante, cela signifie que votre relation au monde est complètement différente, et dès lors beaucoup de portes sont ouvertes.

Méditation et éducation

KRISHNAMURTI : Sommes-nous des êtres humains ou des professionnels ? Notre profession absorbe la totalité de notre existence et nous consacrons bien peu de temps à la culture ou à la compréhension de l'esprit — c'est-à-dire à vivre. Pour nous, la profession vient en premier, la vie après. Nous abordons la vie dans la perspective de la profession, de l'emploi ; notre existence y passe, et vers la fin nous nous tournons vers la méditation, vers un état d'esprit contemplatif.

Ne sommes-nous que des enseignants, ou sommes-nous des êtres humains qui voient dans l'éducation un moyen important et réel d'aider l'être humain à accéder à un esprit de vision globale ? Vivre a la primauté sur enseigner. Le spécialiste passe toutes ses journées à la tâche et, très évidemment, pris par son travail, il n'a que rarement le loisir de regarder la vérité ou de penser à la méditation.

Pouvons-nous avancer dans l'examen de la méditation en la considérant comme l'approche totale de la vie ? Nous comprenons déjà ce qu'est la méditation en la situant ainsi. Je ne sais pas si certains d'entre vous méditent et je ne sais pas non plus ce que signifie pour vous le mot « méditation ». Quel est son rôle dans l'éducation ? Qu'entendons-nous par méditation ? Nous attachons une telle importance à l'obtention d'un diplôme, d'une situation, de la sécurité financière. Voilà le profil complet projeté par notre pensée, et la méditation, la véritable enquête qui nous pousse à nous demander si Dieu existe, l'observation, la connaissance de cet état incommensurable, n'ont aucune place dans notre éducation. Nous aurons à découvrir ce que nous entendons par méditation, pas à nous demander comment méditer. Ce serait là une façon puérile d'aborder la question. Si nous sommes capables de tirer au clair ce qu'est la méditation, ce processus d'éclairement est lui-même une méditation.

Qu'est-ce que méditer et qu'est-ce que penser ? Quand on s'interroge sur la nature de la méditation, on doit aussi s'interroger sur celle de la pensée. Se contenter de méditer sans même comprendre le processus de la pensée engendre des fantaisies, des illusions dépourvues de toute espèce de réalité. Donc, pour saisir ou découvrir véritablement ce qu'est la méditation, on ne peut pas se suffire d'explications purement verbales qui n'ont pas de portée ; on doit explorer toutes les voies de la pensée.

La pensée est une réaction de la mémoire. Les pensées deviennent esclaves des mots, esclaves des symboles, des idées. Ainsi l'esprit s'identifie au mot ; l'esprit devient l'esclave de mots tels que Dieu, communisme, directeur, sous-directeur, Premier ministre, inspecteur de police, paysan, cuisinier. Saisissez les nuances qu'expriment ces mots et les sentiments qui les accompagnent. Vous prononcez le mot « sannyasi » et immédiatement il règne en vous une certaine qualité de respect. C'est ainsi que pour la plupart d'entre nous, les mots ont une portée immense. Pour la plupart d'entre nous, l'esprit est le mot. Nous vivons et nous pensons dans un cadre de conditionnement verbal et de symboles techniques ; ce cadre, c'est le passé, c'est-à-dire le temps. Si vous observez ce processus tandis qu'il se déroule en vous, alors il prend sa signification.

Existe-t-il une pensée sans mots ? Existe-t-il une pensée en dehors du discours et par conséquent, intemporelle ? Parce que le mot, la parole sont le temps. Si l'esprit est capable de se séparer du mot, du symbole, a-t-il alors une recherche sans mobile, qui est donc intemporelle ?

Pour commencer, représentons-nous l'ensemble du tableau. Un esprit dépourvu en lui-même d'espace où observer n'a pas une vraie qualité de perception. La pensée ne saurait engendrer l'observation. La plupart d'entre nous voyons à travers des mots : est-ce là voir ? Quand j'aperçois une fleur et que je dis que c'est une rose, est-ce que je vois la rose ou est-ce que je ressens le sentiment, l'idée que ce mot évoque en moi ? Ainsi, l'esprit qui appartient au temps et à l'espace est-il capable d'aborder un état intemporel et non spatial, car dans cet état-là seul il y a création. Un esprit technique rempli de connaissances spécialisées est en mesure d'inventer, d'ajouter à son savoir, mais jamais il ne peut créer. Un esprit qui n'a pas en lui de vide à partir duquel il peut regarder est évidemment incapable de vivre dans un état intemporel et non spatial. Pourtant c'est ce qui est nécessaire. Un esprit qui est prisonnier de l'espace, du temps, des mots, de lui-même, de conclusions, de techniques, de spécialisations, un tel esprit est plein de trouble. Quand le monde se trouve devant quelque chose d'entièrement neuf, toutes nos antiques réponses, nos règles, nos traditions sont inadéquates.

Or qu'est-ce que penser ? La principale partie de notre vie est consacrée à l'effort d'être quelque chose, de devenir quelque chose, de réussir quelque chose. La plus grande partie de notre vie est une série d'efforts constants reliés entre eux ou non, et, dans cette mobilisation, tout le problème de l'ambition et des contradictions entraîne un processus d'exclusion auquel nous donnons le nom de « concentration ». Or pourquoi devrions-nous faire des efforts ? Quel en est le but ? Si nous cessions d'en faire, serions-nous en état de stagnation ? Si nous l'étions, en quoi est-ce important ? Ne le sommes-nous pas maintenant alors que nous déployons d'immenses efforts ? L'effort a-t-il encore une signification ? Si l'esprit comprend la nature de l'effort, ne va-t-il pas dégager une énergie différente, une énergie qui ne fonctionne pas en termes de réussite, d'ambition, et par là de contradiction ? Cette énergie-là n'est-elle pas proprement l'action ?

Dans l'effort sont impliqués l'idée et l'action, et le problème de comment jeter un pont entre l'une et l'autre. Tout effort implique l'idée et l'action, et la cohésion entre elles. Pourquoi y aurait-il cette division entre les deux ? N'est-elle pas destructrice ? Toutes les divisions sont contradictoires et dans tout état de contradiction interne, il y a inattention. Plus la contradiction est grande, plus est grande l'inattention et plus intense l'action qui en résulte. C'est ainsi que la vie est une lutte sans fin depuis l'instant de notre naissance jusqu'au moment de notre mort.

Est-il possible à la fois de nous donner à nous-mêmes et de donner aux élèves l'éducation du vivre ? Je n'entends pas vivre d'une vie simplement intellectuelle mais d'une vie d'être humain complet, avoir un corps sain, un esprit sain, jouir de la nature, voir la totalité des choses, la souffrance, l'amour, la douleur et toute la beauté du monde.

Lorsqu'on se demande ce qu'est la méditation, je crois qu'une des premières choses est le calme du corps ; un calme qui n'est pas l'effet d'une contrainte, pas plus qu'il n'est recherché. Je ne sais pas si vous avez remarqué, parfois, un arbre agité par le vent, et le même arbre au calme, le soir, quand le soleil s'est couché ? Alors, il est apaisé. De la même façon, le corps peut-il être apaisé d'une façon normale, naturelle et saine ? Tout cela suppose un esprit de recherche qui n'aboutit à aucune conclusion, dont la quête n'est dictée par aucun mobile. Comment l'esprit peut-il enquêter dans l'inconnu, l'incommensurable ? Quelle investigation peut-on faire de Dieu ? Ces questions aussi font partie de la méditation. Comment aider l'élève à sonder toutes ces questions ? Les machines, les cerveaux électroniques commencent leur conquête. L'automatisation va prendre possession de ce pays dans une cinquantaine d'années ; vous aurez alors des loisirs et pourrez vous tourner vers les livres pour y puiser la science. Notre intelligence — pas seulement la faculté de raisonner mais plutôt celle de percevoir, de comprendre ce qui est vrai et ce qui est faux — se voit détruite par l'accent que l'on met sur l'autorité, l'acceptation, l'imitation qui procurent la sécurité. Dans tout cela qui se poursuit en nous et autour de nous, où intervient la méditation ? Au moment même où je vous parle, je suis conscient d'un état de méditation. Il est là. Je parle, mais l'esprit qui communie est dans un état de méditation.

Tout cela suppose un esprit d'une vivante souplesse, non un esprit qui accepte ou qui refuse, qui se conforme, qui suit. Ainsi, la méditation est-elle le déroulement de l'esprit et, ce faisant, la perception, sans contrainte, sans arrière-plan — ainsi, un vide sans fin ouvrant à la vision. Voir sans être limité par la pensée, qui est le temps, exige un esprit qui soit étonnamment tranquille, immobile.

Tout cela appelle une intelligence qui n'est pas le résultat de l'instruction, de connaissances livresques ou de l'acquisition de techniques. Très évidemment, si vous vous proposez d'observer un oiseau, il vous faut être très tranquille, sinon, au moindre mouvement de votre part, l'oiseau s'envole ; tout votre corps doit être calme, détendu, sensible à la vision. Comment y parvenir ? Arrêtons-nous juste sur cette chose qui fait partie de la méditation. Comment faire naître cette attitude dans une école telle que celle-ci ? Mais d'abord, est-il vraiment nécessaire d'observer, de réfléchir, d'avoir un esprit subtil, calme, d'avoir un corps plein de sensibilité et d'ardeur ?

En fait, nous sommes exclusivement préoccupés d'aider l'élève à obtenir un diplôme et une situation et ensuite, nous le laissons se perdre dans cette société monstrueuse. Pour l'aider à être vivant, il importe qu'il ait cet extraordinaire sens de la vie, non pas la sienne ou celle de telle autre personne, mais le sentiment de la vie, du paysan, de l'arbre. Cela fait partie de la méditation — d'être passionné de la vie, d'aimer — et exige aussi une très grande humilité. Cette humilité, on ne peut la cultiver. Alors, comment pouvez-vous susciter le climat propice puisque les enfants ne naissent pas parfaits ? Vous prétendrez peut-être qu'il nous suffit de créer l'environnement voulu et que les enfants deviennent alors des êtres merveilleux. Ce ne sera pas du tout le cas. Ils sont ce qu'ils sont ; ils sont le résultat de notre passé avec toutes nos angoisses et nos peurs ; nous avons créé la société dans laquelle ils vivent ; ils sont obligés de s'y adapter et ils sont conditionnés par nous. Alors comment allez-vous créer le climat qui leur permettra de voir toutes les influences qu'ils subissent et de voir toute la beauté de la terre, de voir la beauté de cette vallée ? Vous consacrez du temps à l'étude des mathématiques, de la biologie, de la musique, de la danse, pourquoi n'en consacrez-vous pas à tout ce que nous évoquons ?

PR. : *Je pense aux difficultés pratiques ; ce n'est pas toujours possible.*

K. : ... Cela ne nous intéresse pas. Mais si vous pensiez que c'est aussi nécessaire, vous y consacreriez du temps. Si vous saisissiez que c'est tout aussi indispensable que les mathématiques, vous feriez quelque chose.

La méditation implique la totalité de la vie, pas simplement une vie technique, ou monastique, ou scolastique, mais la vie tout entière. Et pour saisir et communiquer cette totalité, il faut qu'existe une certaine vision où n'interviennent ni l'espace ni le temps. L'esprit doit en lui-même avoir le sentiment de cet état intemporel et non spatial. Il doit avoir une vision d'ensemble. Comment allez-vous vous y mettre, comment allez-vous aider l'élève à voir la vie dans sa totalité, non pas par petits fragments ? Je voudrais que l'élève saisisse l'immensité du tout.

L'épanouissement

PR. : *Comment poser une question juste ? Je me demande si nous ne pourrions pas approfondir ce problème. Habituellement, nous posons une question en vue de lui trouver une réponse, de parvenir à une méthode et découvrir la cause des choses. Nous cherchons à découvrir la cause de notre jalousie ou celle de notre colère. Mais pouvons-nous faire naître en nous-mêmes et dans l'enfant la qualité de pur questionnement de sorte que seule la recherche importe indépendamment d'une méthode, ou sans la découverte exclusive de causes. Le problème de la question juste n'est-il pas d'une importance primordiale quand nous abordons l'enfant ?*

K. : Comment posons-nous nos questions ? Quand nous questionnons-nous à notre propre sujet, ou quand questionnons-nous nos autorités ou le système éducatif ? Que signifie le mot « question » ? Je me demande si un état d'éveil et d'autocritique ne nous fait pas défaut. Sommes-nous conscients de ce que nous faisons, de ce que nous pensons, de ce que nous ressentons ? Et comment nous éveiller ou nous mettre en question pour que naisse cette prise de conscience critique ? Si nous pouvions ici approfondir, cela pourrait peut-être nous aider à éveiller chez l'enfant une capacité d'autocritique, une attention critique. Comment nous y mettons-nous ? Qu'est-ce qui me pousse à poser une question ? M'arrive-t-il jamais de m'en poser ? Est-ce que j'aperçois combien je suis médiocre ? Ou bien, est-ce que je pose une question, trouve une explication et passe à autre chose ? C'est très déprimant de constater sa propre médiocrité, et par conséquent, on ne pose pas de question, et on ne va jamais au-delà.

Exprimons la chose un peu différemment. Il y a une très petite partie de nous qui est vivante. Une petite partie dont le cœur bat. Le reste est endormi. Et ce petit fragment qui vibre, pâlit peu à peu, se perd dans une ornière et tout est fini.

Sait-on ce que cela signifie, un être humain complet ? En fait on n'est pas vraiment vivant. Il s'agit d'être totalement vivant, physiquement, bien portant, de ne pas trop manger, d'avoir une finesse d'émotion, de sensibilité, d'avoir une certaine capacité de participation et un esprit alerte et très sûr. Autrement, on est mort.

Comment éveiller l'esprit dans sa totalité ? C'est votre problème. Comment veiller à être complètement vivant, intérieurement et extérieurement ? Dans vos sentiments, dans vos goûts, dans tout. Comment éveiller chez l'élève ce sentiment d'une vie non fragmentaire ? Il n'y a que deux façons d'y parvenir : ou bien il y a en vous un tel sentiment d'urgence qu'il consume toute contradiction, ou bien il vous faut découvrir une approche qui sera toujours en éveil, qui, de propos délibéré, interrogera, examinera tout ce que vous faites. Une prise de conscience qui incessamment posera la question de découvrir en vous-même, afin qu'une nouvelle qualité se manifeste, éliminant toute impureté. À présent, quelle est votre façon d'agir en tant qu'être humain et en tant qu'enseignant ?

PR. : *Doit-on tout mettre en question constamment, ou bien y a-t-il une attitude de questionnement qui porte en elle son élan propre ?*

K. : S'il n'existe pas d'élan intérieur, alors il vous faut commencer par les petites choses, n'est-ce pas ? Commencez par les petites choses, non par les grandes choses. Commencez par observer comment vous vous habillez, ce que vous dites, comment vous regardez la route quand vous circulez, et sans mettre en œuvre votre esprit critique. En observant, en écoutant, comment allez-vous atteindre l'autre chose, celle qui doit être l'élan et sa force qui emporte tout par elle-même ?

Il y a une force d'énergie à laquelle vous n'avez pas à faire attention, mais vous ne pouvez y parvenir qu'en observant de petites choses. Et pourtant, il vous faut veiller à ne pas être prisonnier de cette attitude d'observation sans fin. Observer son habillement ou observer le ciel, et, néanmoins, être en dehors de ces choses, de façon que votre esprit soit non seulement en train de regarder les petites choses, mais absorbe aussi les sujets plus vastes, tels que le bien du pays, et les sujets bien plus vastes encore tels que l'autorité ou ce perpétuel désir que nous avons de nous accomplir, ou cette préoccupation constante de savoir si l'on a tort ou raison, ou encore la peur. Ainsi, l'esprit peut-il observer les petites choses et, sans se laisser prendre à leur piège, peut-il s'en détacher pour être libre d'appréhender des problèmes beaucoup plus vastes ?

PR. : *Mais quel est l'état d'esprit, l'attitude où se fait l'observation constante, cette façon de comprendre les petites choses, sans pour cela en devenir la proie ?*

K. : Pourquoi vous laissez-vous prendre aux petites choses ? Qu'est-ce qui fait de vous un prisonnier du petit ?

PR. : *Mes opinions. Pourtant, je ne veux pas me laisser prendre aux petites choses.*

K. : Mais je dois faire attention aux petites choses. La plupart des gens sont pris par elles dès l'instant où ils y sont attentifs. Le problème, c'est de faire attention aux petites choses sans devenir leur prisonnier. Qu'est-ce qui nous pousse à en devenir prisonnier ?

PR. : *La préoccupation de l'immédiat.*

K. : Qu'entendez-vous là, monsieur ? Vous voulez dire ne pas avoir une vision étendue ? Vous n'êtes pas en train de cerner le problème.

PR. : *C'est d'être attaché aux petites choses.*

K. : N'êtes-vous pas prisonnier des petites choses ?

PR. : *Je le suis. En ce qui me concerne, c'est probablement un sentiment profond et inconscient, que je me prépare pour quelque chose de grand ; c'est une illusion de ce genre.*

K. : Mais avez-vous conscience de ce que vous êtes prisonnier des petites choses ? Voyez pourquoi. Prenez le fait que vous êtes prisonnier des petites choses, probablement de beaucoup de petites choses, et demandez-vous pourquoi. Creusez la question, découvrez. Ne vous contentez pas de trouver une explication et puis de filer avec l'explication, comme vous venez de le faire. Il vous faut vraiment vous emparer d'une chose et la regarder. En cherchant à affronter intérieurement la frustration, le conflit, la résistance, vous corrigez l'extérieur. Le conflit psychologique en vous se manifeste extérieurement en faisant de vous le prisonnier de petites choses, et ensuite vous cherchez à les corriger. Mais si vous n'avez pas compris le conflit intérieur, le tourment, la vie n'a pas de sens. Si vous découvrez que vous êtes frustré, eh bien alors approfondissez la chose, et si vous l'avez suffisamment approfondie elle corrigera d'elle-même la colère, la suralimentation, le soin excessif de votre habillement.

Votre façon d'examiner la frustration intérieure est importante. Comment l'interrogez-vous ? Pour lui permettre de se dévoiler, pour qu'elle puisse s'épanouir ? Car c'est seulement quand une pensée s'épanouit qu'elle peut mourir naturellement. Comme une fleur dans un jardin, une pensée doit fleurir, donner ses fruits et puis mourir. La pensée doit être laissée libre de mourir. De même, il faut donner à la frustration, la possibilité de pouvoir s'épanouir et mourir. La question juste est donc de savoir si la frustration est libre de s'épanouir et de périr.

Pr. : *Mais qu'entendez-vous par s'épanouir, monsieur ?*

K. : Regardez le jardin. Regardez ces fleurs, là-bas devant nous. Elles viennent à fleurir et au bout de quelques jours, elles se fanent parce que c'est leur nature. De la même façon, votre sentiment de frustration doit avoir la liberté de s'épanouir. Il vous faut comprendre sa raison d'être mais non pas pour la supprimer, et non pas pour dire : « Il faut que je m'accomplisse. » Pourquoi devrais-je m'accomplir ? Si je suis un menteur, je peux faire des efforts pour cesser de mentir, c'est ce que font les gens la plupart du temps. Mais est-ce que je peux permettre à ce mensonge de s'épanouir et s'achever de lui-même ? Puis-je me refuser à dire c'est bien ou mal, bon ou mauvais ? Puis-je voir ce qu'il y a derrière le mensonge ? Je ne peux découvrir spontanément pourquoi je mens que s'il y a liberté de découvrir. De la même façon, pour ne pas devenir le prisonnier des petites choses, puis-je découvrir pourquoi j'en suis prisonnier ? Je veux voir ce fait s'épanouir. Je veux le voir croître et se développer, de sorte qu'il se fane et arrive à mourir sans que j'y touche. Dès lors, je ne suis plus prisonnier, même si je continue d'observer les petites choses.

Vous avez posé une question : « Existe-t-il une sorte d'élan dont le mouvement ne cesse pas et qui reste pur et sain ? » Cette énergie, cette flamme, ne peuvent exister que quand liberté est laissée à chaque chose de s'épanouir — laide ou belle, bonne ou mauvaise. Ainsi, aucune chose n'est supprimée par contrainte, ainsi il n'en est aucune qui n'ait été mise au jour, et regardée, et consumée. Pourtant je ne peux absolument pas le faire si je ne découvre pas dans l'observation des petites choses la frustration, la souffrance, la tristesse, le conflit, la stupidité. Si je ne découvre la frustration qu'à travers des raisonnements, je ne saurai jamais ce qu'elle signifie vraiment. Donc, à partir de petites choses, je parviens à ce qui est plus vaste et en comprenant le plus vaste, les autres choses s'épanouissent sans que j'aie à intervenir.

PR. : *Il me semble apercevoir un peu ce que vous dites. Je vais chercher à l'examiner.*

K. : Monsieur, vous l'examinez en même temps que je l'examine. Vous examinez les petites choses dans lesquelles vous-même êtes pris.

Pr. : *Dans l'épanouissement du conflit, il devrait y avoir la liberté de fleurir et de mourir. Le petit esprit ne s'accorde pas cette liberté à lui-même. Vous dites que le conflit intérieur doit s'épanouir et périr et vous avez dit encore que cet épanouissement et cette mort ont lieu au moment même où nous l'examinons, c'est-à-dire maintenant. Il y a pour moi une difficulté. Il me semble que je projette quelque chose dans ce mouvement d'éclosion et c'est en soi un empêchement.*

K. : C'est là le nœud de la question. Voyez-vous, pour vous, l'épanouissement n'est qu'une idée. Vous ne voyez pas directement le fait, le symptôme, la cause, pour permettre à cette cause de fleurir à l'instant même. Le petit esprit est toujours branché sur les symptômes et jamais sur le fait. Il n'a pas en lui la liberté qui lui permettrait de découvrir. Il fait justement la chose qui indique bien un esprit mesquin, parce qu'il se dit : « C'est là une bonne idée, je vais y penser plus tard. » À ce moment-là il est perdu parce qu'il est en rapport avec l'idée et non avec le fait. Il ne dit pas : « Que le problème s'épanouisse et voyons ce qui se passera. » Dans ce cas-là il découvrirait. Mais il dit : « C'est une bonne idée ; il faut que je la creuse. »

Nous avons maintenant découvert beaucoup de choses. Tout d'abord, que nous ne sommes pas conscients des petites choses. Puis en prenant conscience d'elles, nous en devenons les prisonniers. Alors nous disons : « Il faut que je fasse ceci ou que je fasse cela. » Suis-je capable de voir le symptôme, d'approfondir la cause, de permettre à celle-ci de s'épanouir ? Mais je voudrais qu'elle s'épanouisse dans une certaine direction ; c'est-à-dire que j'ai une opinion sur la façon dont elle devrait le faire. Maintenant puis-je avancer au-delà ? Cela devient ma principale préoccupation. J'aperçois que j'empêche la cause de s'épanouir parce que j'ai peur ; je ne sais pas ce qui se passera si je permets à la frustration de s'épanouir. Alors, je poursuis l'origine de ma peur. De quoi ai-je peur ? Je vois que tout épanouissement est impossible tant qu'existe la peur. Il me faut donc m'attaquer à la peur, non pas comme idée, mais m'y attaquer comme à un fait ; c'est-à-dire que je vais permettre à la peur de s'épanouir. Je vais laisser la peur s'épanouir et voir ce qui se passera. Tout ceci exige une grande perception intérieure.

Permettre à la peur de s'épanouir, savez-vous ce que cela signifie ? Peut-être le risque de perdre ma situation, ou peut-être celui de me sentir détruit par ma femme ou mon mari.

Puis-je permettre à toute chose de s'épanouir ? Cela ne veut pas dire que je me propose de voler ou d'assassiner quelqu'un, mais simplement de permettre à « ce qui est » de s'épanouir.

PR. : *Ne pouvons-nous poursuivre ce sujet et favoriser en nous l'épanouissement de quelque élément ?*

K. : Mais ce fait, le voyez-vous véritablement ? Qu'est-ce que cela veut dire, de permettre à quelque chose de s'épanouir, de permettre à la jalousie de s'épanouir, de s'achever pleinement ? Pouvez-vous le faire sans être pris au filet ? Pouvez-vous permettre à ce sentiment de manifester sa pleine vitalité, sans qu'intervienne une obstruction ? Autrement dit, vous ne vous identifiez pas à ce sentiment, vous ne jugez pas qu'il est bon ou mauvais, vous n'avez à son sujet aucune opinion ; ce sont là des méthodes appliquées pour détruire la jalousie. Mais vous ne voulez pas détruire la jalousie. Vous voulez qu'elle s'épanouisse, qu'elle dévoile toutes ses couleurs, quelles que soient celles-ci.

Pr. : *Pour moi, monsieur, tout cela n'est pas très clair.*

K. : Avez-vous jamais cultivé une plante ? Comment vous y prenez-vous ?

Pr. : *Je prépare le sol, je mets de l'engrais...*

K. : Vous mettez l'engrais qu'il faut, vous utilisez la semence qu'il faut, vous la plantez dans le temps qu'il faut, la soignez, écartez les agents qui lui sont hostiles. Vous lui accordez la liberté. Pourquoi n'en faites-vous pas autant pour la jalousie ?

Pr. : *Dans son cas il n'y a pas de floraison extérieure, comme c'est le cas pour la plante.*

K. : Il s'agit d'une chose beaucoup plus réelle que la plante que vous plantez dehors, dans un champ.

Savez-vous ce qu'est la jalousie ? Au moment même où vous l'éprouvez, dites-vous qu'elle est imaginaire ? Elle vous consume, n'est-il pas vrai ? Vous êtes en colère, vous êtes furieux. Pourquoi ne la poursuivez-vous pas, non comme une idée, mais réellement ? Sortez-la au jour, faites-la s'épanouir, de sorte que chaque éclosion devienne sa propre destruction, et par conséquent il n'y a plus de « vous » à son achèvement, plus de « vous » qui observe la destruction. C'est là que réside la vraie création.

PR. : *Quand une fleur s'épanouit, elle se révèle. Qu'entendez-vous, monsieur, exactement, quand vous dites que l'épanouissement de la jalousie entraîne sa propre destruction ?*

K. : Prenez une pousse, un vrai bouton, venant d'un arbuste. Si vous le coupez, jamais il ne fleurira, il mourra très vite. Si vous lui laissez le loisir de fleurir, il vous révèle sa couleur, sa délicatesse, le pollen, tout. Il vous fait voir ce qu'il est en fait sans qu'on ait à vous dire qu'il est rouge, qu'il est bleu, qu'il a du pollen. Il est là ; à vous de le regarder. De la même façon, si vous permettez à la jalousie de s'épanouir, elle vous expose tout ce qu'elle est vraiment — qui est envie, attachement. Ainsi, en laissant la jalousie s'épanouir, elle vous a fait voir tout son prisme, elle vous a révélé tout ce qui se dissimule en elle et ce que vous ne découvrirez jamais si vous ne lui permettez pas de s'épanouir.

Dire que la jalousie est la cause de l'attachement, c'est se contenter de mots. Mais en permettant réellement à la jalousie de s'épanouir, l'attachement que vous éprouvez pour quelque chose devient un fait pour vous, un fait émotionnel, et non pas un simple concept intellectuel et verbal. Chaque épanouissement révèle ce que vous n'avez pas su découvrir ; à mesure que chaque fait se dévoile il s'épanouit et vous y faites face. Vous permettez au fait de s'épanouir et il ouvre d'autres portes, jusqu'au moment où il ne subsiste plus aucun épanouissement et par conséquent plus de cause ni de motif d'aucune sorte.

PR. : *Une analyse psychologique m'aiderait à découvrir les causes de la jalousie. Existe-t-il une différence fondamentale entre cette analyse et le processus d'épanouissement d'une fleur ?*

K. : L'un est un processus intellectuel : l'observateur agissant sur la chose observée, c'est-à-dire l'analyse, entraînant correction, modification ou adjonction. L'autre, c'est le fait, sans observateur, c'est ce que le fait est en lui-même.

PR. : *Ce que vous évoquez est entièrement non verbal. Il n'y a aucun rapport entre l'observateur et la chose observée.*

K. : Quand une fois vous avez le sentiment que tout en vous doit s'épanouir — et c'est un état très dangereux — si vous le comprenez bien, c'est aussi un émerveillement ; vous êtes là en présence de la vraie liberté. À mesure que chaque chose vient à s'épanouir, il n'y a ni observateur ni observé. Par conséquent, il n'y a pas de contradiction. Ainsi, toutes choses en vous fleurissent et meurent.

PR. : *Mais pourquoi dois-je permettre à tout cela de s'épanouir si je peux le couper à la base ?*

K. : Que se passera-t-il si vous tuez le bouton avant qu'il ne fleurisse ? Si vous tuez le bouton, il ne fleurira plus. Et vous dites de la même façon : « Il me faut tuer la jalousie ou la peur », mais il est impossible de tuer la jalousie ou la peur. Vous pouvez les supprimer, les modifier, en faire une offrande à un dieu quelconque, elles seront toujours là. Mais si vous comprenez véritablement le fait central, qui est de permettre à chaque chose de s'épanouir sans interférence, ce sera une révolution.

PR. : *La jalousie est une chose complexe.*

K. : Laissez-la s'épanouir. En s'épanouissant, la jalousie va révéler sa complexité. En comprenant cette complexité, alors que vous l'observez, elle dévoilera quelque élément nouveau, laissez-le s'épanouir à son tour, et ainsi en vous tout s'épanouit, rien n'est rejeté, rien n'est supprimé, rien n'est mis sous contrôle. N'est-ce pas là toute une éducation, une éducation immense ?

Pr. : *Ce que vous dites a une grande portée. Mais est-ce possible ?*

K. : C'est possible, autrement il n'y aurait aucun intérêt à le dire. Si vous voyez cela, comment allez-vous aider l'étudiant à s'épanouir ? Comment allez-vous l'aider à comprendre ?

Pr. : *Je commencerai par moi-même. En abordant le problème sous un angle psychologique, je suis capable d'en distinguer la cause. Vous dites que l'épanouissement permet au problème de se dévoiler. Il y a une grande différence entre les deux façons de s'y prendre. Mais, même s'il m'arrive de l'entrevoir, il est difficile de transmettre cet éclair de vision à l'étudiant.*

K. : Il s'agit d'une communication non verbale que je vous ai transmise verbalement. Comment suis-je parvenu à un épanouissement de la pensée qui se produit dans la communication ?

Pr. : *Mais avant de l'approfondir ou même d'entrevoir l'espace où il peut avoir lieu, une qualité d'équilibre doit s'établir en moi pour donner une chance à quoi que ce soit de s'épanouir.*

K. : Cela, je ne l'accepte pas. Je ne crois pas que vous puissiez y arriver de cette façon. Prenez l'idée de la jalousie. Je vous dis : « Laissez-la s'épanouir. » Mais vous le lui refusez.

Pr. : *Quand j'ai affaire à un enfant, la première chose n'est-elle pas l'éveil de cette qualité de perception qui est équilibre ?*

K. : Je vais vous dire ce qu'il en est. Si vous écoutiez, si vous écoutiez vraiment, cet épanouissement aurait lieu dans l'instant même. Si vous écoutiez, observiez, compreniez, — au moment même d'avoir écouté il aurait eu lieu —, et s'il a eu lieu, pour l'enfant tout ce qui en découle est très simple. Vous trouverez bien des façons différentes d'observer l'enfant, de l'aider, de communiquer avec lui au niveau verbal.

L'acte même d'écouter est celui de suivre.

Pr. : *Cette écoute est-elle une qualité ?*

K. : Vous écoutez. Pourquoi parler de qualité ? Vous avez écouté ce que j'avais à dire ce matin : « Laissez toute chose s'épanouir. »

Si vous écoutez, cela se produira. Ce n'est pas une qualité ; une qualité est une chose déjà établie, mais celle-ci est une chose vivante, brûlante, pleine d'intensité. Vous ne pouvez pas en faire une qualité, une pratique, comme vous ne pouvez le faire pour la vision d'une couleur. C'est impossible. De même vous ne pouvez voir la beauté et la gloire de la fleur qu'au moment où elle s'épanouit.

Table des matières

PRÉFACE 7

Première partie
AUX ÉLÈVES

De l'éducation....................... 13
De l'esprit religieux et de l'esprit scientifique 26
Du savoir et de l'intelligence........... 31
De la liberté et de l'ordre 42
De la sensibilité..................... 51
De la peur........................... 60
De la violence 72
De la création des images 83
Du comportement.................... 94

Deuxième partie
AUX ENSEIGNANTS

Une éducation adéquate............... 107
La vision étendue.................... 121
L'action............................. 130
Le rejet véritable.................... 139
La compétition incessante............. 152
La peur.............................. 162
Enseigner et apprendre............... 175
L'esprit bien fait................... 191
Par la négation...................... 202
Méditation et éducation.............. 215
L'épanouissement..................... 223

AUX PRESSES DU VILLAGE

Josèphe ROUSSEL-LÉPINE : *Les champs de l'Ourcq.*
Théophile LHUILLIER : *Histoire de l'enseignement primaire dans la Brie.*
F.-A. DENIS : *Lectures sur l'histoire de l'agriculture en Seine-et-Marne.*
Henry MASSOUL : *Au bon vieux temps.*
Victor CHERBULIEZ : *La ferme du Choquard,* roman.
Christian DE BARTILLAT : *Les flammes de la Saint-Jean,* roman, Prix Valéry Larbaud.
Georges CHAUDIEU : *Au temps des charrues.*
Daniel BRETONNET : *Moret, flâneries dans les siècles.*
Bergers de Brie, sorciers de Brie, avec la collaboration de Marc ROUSSEAUX.
Christian DE BARTILLAT : *La Brie qui rêve,* contes et légendes.
Médéric CHAROT : *Romans paysans (La chanson du berger* suivi de *Jacques Dumont).*
Christian DE BARTILLAT : *Au village de Brie.* Prix de la Société des Gens de Lettres.
René-Jacques LOVY : *Les origines de la réforme française. Meaux 1518-1546.*
Guide des champs de bataille de la Marne (septembre 1914).
Marc ROUSSEAUX : *La dernière carotte.*
Pierre ANDROUET et Yves CHABOT : *Le Brie, fromage des Rois, Roi des fromages.* Prix de la Critique Gastronomique.
Georges GASSIES : *Le pont et les moulins de Meaux.*
André BILLY : *Les beaux jours de Barbizon.*
Christian DE BARTILLAT : *La Brie qui pense.*
Robert BARRIER : *Crépy-en-Valois.*
Émile MIREAUX : *Une province française au temps du Grand Roi : La Brie.*
Robert BARRIER : *Crépy-en-Valois, II.*
Philippe BARRIER : *Le légendaire du Valois.*
Michel VINCENT : *Maisons de Brie et d'Ile-de-France.*
Paul JOANNE : *Géographie de Seine-et-Marne.*
René HÉRON DE VILLEFOSSE : *Histoires de Champagne et de Brie.*
Andrée SUARNET : *La grande menterie.*

Ces ouvrages régionaux sont en vente aux Presses du Village
1 bis, vallée de l'Église – 77139 Étrépilly
et dans les librairies seine-et-marnaises.

··· SAGIM ···

Achevé d'imprimer en juin 1997
sur rotative Variquick par l'imprimerie
SAGIM à Courtry (77)

Imprimé en France

Dépôt légal : juin 1997
N° d'édition : 63
N° d'impression : 2279
ISBN 2.905563-54-0